人の心をつかむ最高の法則

ハーバード
CIA・FBIで
学んだ

REINA

私の名前はＲＥＩＮＡ。かつてハーバード大学院卒の芸人としてメディアに出演し、現在は「英語を教えない英語道場」を運営する経営者です。

私は数年前、テレビ番組の企画で2カ月間、豪華客船の旅に出かけました。企画のミッションはシンプルで、豪華客船のＶＩＰスイートルームに泊まる乗客をゼロから探し出し、仲よくなって部屋に招待されるという内容でした。

何百人もの乗客を観察し、ターゲットを絞り、ターゲットに合わせたコミュニケーション術でアプローチ。その結果、ミッションの成功率はほぼ１００％。たちまち人気企画となり、シリーズ化されました。よく「事前に番組がある程度リサーチしてたんでしょ？」と聞かれますが、事前情報は何もない状態で、ディレクターさんと２人で2カ月間、豪華客船の中を走り回ったのです。

日本人の両親をもち、生まれも育ちもアメリカ。ハーバード大学院卒で、ＣＩＡとＦＢＩの内定を蹴って、日本で芸人となった私。テレビ番組のイメージもあり、**「根っからの話好き」で「人の心をつかむのはお手の物」だと勘違いされることが多くあります。**

しかし、何を隠そうこの私、幼少期はどうやって人に話しかけたらいいかわからない「コミュニケーション下手」だったのです。次にあげるのは、そんな私の記憶の片隅に残る、苦い思い出です。

「もう話しかけないで」

クラスメイトのブリトニーにそう言われたのは小学校5年生の秋でした。

アメリカ・ニュージャージー州の小さな町で生まれ育った私は、家では日本語を話し、幼稚園に入るまで英語をまったく話さない子どもでした。このころから人と話すことが怖いと感じていて、自分の考えを人に伝えたり、感情を見せたりすることが苦手でした。

　小学校5年生に大きな街に引越しをしても相変わらずで、母が「今日誰かと遊んだ?」と聞いても、私は必ず「誰とも」と答えていました。別にそこまで寂しくはなかったし、一人でいるほうが楽だったのです。でも、お昼休みに楽しそうに一緒に遊んでいるクラスメイトたちを眺めていると、私の生き方は間違っていて、何か大きな損をしているという感覚は不思議とあったのを覚えています。

転校して一カ月ほど経ったある日、クラスメイトの女子たちに話しかけようと決心しました。でも、何を言えばよいのか、誰にどうやってアプローチをすればよいのかわからない。私は昼休みの遊び場で、女子たちのリーダー的存在であったブリトニーが立っているところに向かいました。

「これ、あげる」

私はあいさつも自己紹介もせずに、手首につけていたお気に入りのブレスレットをブリトニーに差し出しました。私の中では、これが精一杯のコミュニケーションだったのです。あのときのブリトニーの顔を、私は忘れられません。顔を引きつらせ、露骨に不快な表情でした。

「何これ、いらない。もう話しかけないで」。彼女はそう言って、周りにいる女の子たちとひそひそ話をしながら去っていきました。

どこでどう間違って、ブリトニーにそんなことを言われてしまったのか…当時の私には想像もできませんでした。**もっと人を引きつけて、信頼と理解と共感を得たい。**

人と楽しい会話をし、人前で自分の考えを話せるようになりたい。強くそう思いました。

もとからコミュニケーションが得意な人は、コミュニケーションのノウハウを知る必要なんてないでしょう。私はそうではなかったからこそ、この問題に向き合い、考え続けてきました。

その結果、「人間関係の築き方には法則がある」ことを見出し、その法則にそって行動すれば、コミュニケーションが苦手でも、人とよい関係を築くことができると気づいたのです。

この本では、さまざまな経験を経て、私が到達した法則をご紹介します。コミュニケーションが苦手な人は、**無理に自分の性格を変えるよりも、コミュニケーションを戦略的に考えたほうが効果的**です。準備と練習をくり返し、必要なときに発揮できるスキルとして身につければ、誰でも「人の心をつかむ」ことができます。

本書を手に、新しい可能性を開いてみませんか。

第3章 あなたの魅力を最大化する3つのステップ 89

第5章

相手との「距離」を縮めて親密度アップ

第1章

人の心をつかむ最高の法則とは

今まで数々のコミュニケーション本を読んできて、さまざまなメソッドや心理テクニックを学んだけど、読むだけで終わってしまう…。

いろいろなメソッドがありすぎて、自分にとって何が最も有効なのかわからず、なかなか実践に繋《つな》げられない…。

コツやテクニックを一つひとつ読んでいくと理解できるけど、総合的にどう使えばよいのかわからない…。

そう思っているかた、多いのではないでしょうか？

私もまったく同じ気持ちでした。

いろいろな書籍を手に取り、家の本棚にはコミュニケーションに関する本がずらりと並んでいます。

でも、

「この本を読んで、具体的に何を学んだのか？　どのように自分の生活に活用しているのか？」

と聞かれると、明確な答えをあげられる書籍は少ないのです。

これは、なぜなのか？

3つの理由が考えられます。

1．**内容の整理が難しい**　↓いろいろな情報がありすぎて、読んだ瞬間は理解できても、すべての内容を頭の中で整理することができない。

2．**カスタマイズしにくい**　↓本は、誰が手にとって読んでも納得できなければいけないので、自分に当てはまらないテクニックも混在していて、そこから自分に当てはまるテクニックを選択するのが難しい。

3. **書かれていること全部はいっぺんにできないと感じてしまう** ↓ 一気にコミュニケーションスタイルを変えるのは難しく、まずはできるところから変えようとするが、どこから始めればよいのかわからない。

◆◆◆

「情報の整理」「自分のニーズにカスタマイズ」「優先順位の明確化」

私は、コミュニケーションを上達させる方法を身につけるキーポイントはこの3つだと気づきました。

この3つの問題解決の根っこにある共通点は、**「自分仕様になった情報を体系化すること」**です。

そこで、私はこれまでの経験をとおして、人間関係構築におけるさまざまな悩みを解決する法則を見つけました。それは、たった一つの方程式で表すことができます。

人間関係を方程式化!?

私はよく、うまく整理しきれない情報や、複雑なプロセスを方程式化して考えます。方程式に当てはめることによって、**全体像を常に考慮しつつ、問題点を見つけ出したり、あぶり出した各要素の因果関係や相互関係を「可視」化することができる**からです。

概念的な方程式を立てることによって、４つのメリットがうまれます。

(1) 結果を導き出すための成功要素を洗い出し、全体をながめることができる
(2) 掛け算や割り算などを使って、成功要素の関係性を描くことができる
(3) 自分には足りないものと強化すればよいものが明確になる
(4) 頑張ってもすぐに高められない要素、すぐに高められる要素が把握できる

人が置かれている状況やニーズはそれぞれ異なり、常に変化し続けていますが、今課題としているもの・ことを分析して方程式に当てはめれば、全体像を頭に入れることができます。また、**自分が今必要とする情報やテクニックを把握し、それらを優先的に実生活に取り入れる方法が手に入る**ようにもなるのです。

✓ 人の心をつかむ4大要素とは

> 人間関係の強さ ＝（①第一印象 ＋ ②自分の魅力）× ③相手の魅力 ÷ ④距離

これが、私が数多くの成功と失敗をとおして導き出した人の心をつかむための方程式です。

足し算があったり、掛け算、割り算があったり…。ぱっと見は、わかりにくいかもしれませんが、これから各要素や相互関係を噛み砕いていきます。

まず、**この方程式は「人間関係の強さ」を測るためのもの**です。

人の心をつかむには、まずは強い関係性を築かなければいけません。近頃、「○○秒で」「一瞬で」など、瞬時に相手の懐《ふところ》に入る方法を紹介するコミュニケーション本やネット記事が多いと思います。

でも、私の経験上、これらの方法では短期的な目標は達成できても、浅い関係性しか築けません。このような関係性は必ずしも悪いわけではなく、目的によっては正解かもしれませんが…。

ただし、あなたの本意が、決定的に人の心をつかみ、揺るぎない信頼を得ることなのであれば、深く長い関係を構築→維持→向上させる必要があります。これが、方程式の目的です。

次に、この方程式には構成する要素が4つあります。

①第一印象

初対面の人に、あなたが与える印象です。第一印象は一度形成されると、変えるには多大な努力が必要なので、唯一、後からの強化が難しい要素でもあります。

②自分の魅力

あなたの個性や知識、価値観や経験を指します。あなたが相手を引きつける力の大きさを表します。

③相手の魅力

仲よくなりたいと思う相手の個性や知識、価値観や経験を指します。あなたが心の底から相手に引かれる力の大きさを表します。

④距離

自分と相手の間に心の距離がどれほどあるのかを指します。言葉を置き換えると「親近感」ともいえます。

４つの要素は「変数」です。値が固定の「定数」とは違い、値が変わる可能性があるのです。言い換えれば、どの要素も、あなたの行動次第で増減することができます。自分の力でコントロールできるのです。

つまり、

①から③までの数値を極力高く上げ、④の数値を極力低く抑えることが、人間関係を強めることに繋《つな》がります。

次章から、各要素を強化する具体的な方法を紹介しますが、まずはここで各要素の相互関係を確認していきましょう。

人の心をつかむ要素を詳しく知る

一見すると複雑ですが、一つひとつの要素を確認していくと、4大要素の関係性が見えてきます。

人間関係の強さ ＝ （第一印象＋自分の魅力）① × 相手の魅力② ÷ 距離③

Q1 なぜ「①（第一印象＋自分の魅力）」は足し算なのか？

この部分は、相手を引きつけるあなたの総合的な力の度合いを測っています。この力とは、**あなた自身の魅力に「第一印象」が足されたもの**になります。「第一印象」と「自分の魅力」は、「相手を引きつける力」を最大限に引き上げるために必要な2つの要素であり、並列的に向上することができるため、足し算となります。また、「第一印象」は短時間で形成され、相手が何よりも先に得る、あなたに関する情報です。時間をかけて相手に伝えることができるあなたの魅力とは、時間軸や強化方法が異なり、分けて考える必要があります。

第一印象は相手がもつものですが、あなたが意図的に与えるものでもあるので、ある程度コントロールし、印象の良し悪しを予測することができます。第一印象がプラスであればあるほど、あなたが相手を引きつける総合的な力は上がります。一方、第一印象がマイナスになってしまうと、あなたがもっている本来の魅力から、その分の数値が引かれてしまいます。そうなると、あなた自身の魅力を深く理解し、声に出して相手に強くアピールしなければ、相手を引きつけることができません。

もしも、何かしらの理由で第一印象がよくなかった場合でも、努力次第で挽回できる可能性は十分あります。**その分、「自分の魅力」や「相手の魅力」を強化することや、「距離」を縮めることに力を入れればよい**のです。

Q2 なぜ「②×相手の魅力」で掛け算をするのか？

人間関係とは、お互いが引きつけられることの相乗効果の結果です。

「第一印象＋自分の魅力」と「相手の魅力」が掛け算なのは、**どちらかの要素が少し低くても、もう一方が高ければ、全体的に高い値（強い関係）になる**からです。

どちらかの数値が高い場合とは、「自分の魅力」が相手にとって、まさしく理想的な魅力であるか、「相手の魅力が自分にとって、まさしく理想的な魅力である」ケースです。相手とあなたの間に、引力がどちらかの方向に働いていれば、総合的な関係性は強まります。

例えば、あなたの魅力が弱くても、あなたが相手を魅力的に感じ、その感情を言葉や表情、身体を使って相手に伝えることができたとします。この場合、相手も**「この人、自分を魅力的に感じてくれている」**と認識することができ、この「引く力」と「引かれる力」が化学反応を起こし、より強い関係性が生まれます。もちろん理想はあなたも相手も魅力が高く、お互いを強く引きつけあっている状態ですが、どちらかの要素が低くても、片方を最大限に向上させることによって補うことができます。

「相手の魅力」は、一見手のつけられない要素だと思いがちですが、実はあなたがコントロールできます。相手に何の魅力も感じられなければ、あなたは相手にまったく引かれないということになり、浅い関係しか築けません。相手の考えを変えたり、相手の信頼を得ることが一段と難しくなってしまいます。

誰にでも魅力はあるのです。その魅力をうまく引き出し、声に出して相手に伝えることによってこの要素は高められます。「相手の魅力」をゼロにしないために、どんなに小さなことでもよいので、相手の個性や魅力を感じる特徴を積極的に見つけようとする姿勢が重要なのです。

Q3 なぜ「③÷距離」で割り算をするのか？

自分と相手の間の心の距離が大きく、親近感が欠けていると、全体的に関係性が弱

くなってしまいます。自分の魅力をアピールし、相手の魅力を引き出せても、それらを利用して距離を縮めることができなければ、相手の心をつかめません。

それでは、なぜ単に「引き算」ではなく「割り算」なのか？　自分と相手が互いを引きつけ合う力がどんなに強くても、接点や共感できる部分が少ないと、遠くから互いを尊敬しあえても、心を交わすような親密で強い関係性は築けません。何かしらの壁が残り、互いの魅力を分かちあえても、心理的には遠いからこそ、互いの言動を理解できなかったり、誤解が生まれるリスクが高まります。

相手との「距離」は、それほど人間関係の強度に影響を与え、値が大きければ大きいほど関係性にダメージを与える要素なのです。また、初対面の場合、必然的に相手との「距離」は大きいと思います。その場合、他の数値に影響してしまうからこそ、まずは相手との共通点を見つけたり、接触機会を増やすなど、「距離」を縮めることに集中することをお勧めします。さらに、他の要素を最大限に引き上げる努力をし、その間に徐々に「距離」を縮めることもできます。

以上を踏まえて、**方程式を用いた人間関係の改善法**を考えてみると、次のようにまとめることができます。

・**第一印象が悪かった場合**…マイナスの印象以上に「自分の魅力」をアピールし、相手の魅力をうまく引き出し、相手との間にある距離を縮めれば、強い人間関係を築ける。

・**自分の魅力をうまく伝えられない場合**…自己主張が苦手であっても、それ以上によい「第一印象」を与える策を練り、相手の魅力を探し出し、距離を縮めれば強い人間関係を築ける。

・**相手の魅力が低い場合**…相手の魅力を引き出せず、相手との距離も埋められなくても、それ以上に自分の魅力を最大限に主張し、さらに最高な第一印象を与えられれば、強い人間関係を築ける。

・距離が大きい場合…初対面で相手との共通点も少なく、距離が非常に大きい場合でも、それ以上に他の3つの要素を高めることによって強い人間関係を築ける。

このように方程式の相互関係を考慮し、関係構築に適用すれば、その人やその状況に合った戦略を短時間で立てられるのです。

次のセクションでは、あなたに合った方程式の効果的な使い方を一緒に見つけていきましょう。

方程式の効果的な使い方

章の始めに書いたとおり、私がこの方程式を考えた大きな理由の一つが**「自分が今置かれている状況や、自分のニーズに柔軟に対応できるコミュニケーション法を開発したい」**、という点でした。

ここで示した方程式を最も効果的に使うためには、実際に今の自分の状況や、今自分ができることを当てはめてみることです。次の2つのエクササイズをとおして、あなたの強みと弱みを確認し、実際に人間関係を検証してみましょう。

エクササイズ1　方程式を自分に当てはめてみよう

まず、方程式を全体的に見てください。そして、日常的なコミュニケーションにおいて、自分が強みだと感じる要素や弱いと思う要素は何か、考えてみてください。

1 **4つの要素のうち、あなたの強みである要素と、弱みである要素を考えてください。**

その際、次の問いを思い浮かべながら取り組んでみましょう。

Q1　相手に強い、ポジティブな「第一印象」が与えられるか？
Q2　「自分の魅力」を熟知していて、相手に強くアピールできるか？
Q3　「相手の魅力」を引き出せて、声に出して認知することができるか？
Q4　相手との「距離」を効果的に縮め、親近感を高められるか？

私の強み

（　　）

私の弱み

（　　）

2 **次に、強化するべき要素の優先順位を決めていきましょう。**

現実的に考えて、自分が今、まず強化できると思う要素、もしくは強化したいという意欲が湧く要素がなんなのか…。自分を見つめて分析しましょう。

考え方の例

昔から人見知りで、シャイで近寄りがたい印象を与えてしまう。
↓今すぐ第一印象を強化しようと思っても、ハードルが高い。
↓まずは「相手の魅力」を高めることと「距離」を縮めることに集中しよう。

今、私が取り組める要素で、いちばん強化したいと思う要素は？

3

４つの要素での優先順位が確認できたら、あなたがいちばん強化したいと思う要素に関する章の内容を、優先的に実践していってください。

▼「第一印象」を優先的に強化したい！　↓41ページ

▼「自分の魅力」を優先的に強化したい！　↓89ページ

▼「相手の魅力」を優先的に強化したい！　↓157ページ

▼「距離」を優先的に強化したい！　↓229ページ

エクササイズ2 ―― 方程式を使って人間関係を検証してみよう

「心をつかみたい」と思う相手が明確にいる場合は、実際に方程式を使って関係性の強さを測ってみると、今の関係の強さがより理解できると思います。

相手が明確にいない場合は、架空の人物を想像するか（その場合、できるだけ細かくその人物像を頭の中で描く）、もしくはすでに出会った人との関係を思い起こし、その関係性の強弱を測ってみてください。
そのためには、次の手順でエクササイズを行ってください。

1 **強い関係性を築きたいと思う相手を特定し、名前を書き込んでください。**

心をつかみたいと思う相手

2 **その相手を思い浮かべながら、各要素の項目からいちばん近いものをひとつ選んでチェックを入れてください。**

※注：これは数学的な方程式ではありません。各要素を数値化しないからこそ、ある程度の主観性が必然的に入ります。

第一印象

□**マイナス**…相手に悪い第一印象を与えた／与えると思う。

□**普通**…可もなく不可もなく。特に印象には残らないが、ネガティブではない印象を相手に与えると思う。

□**プラス**…相手によい第一印象を与えると思う。

自分の魅力

□**低い**…自分の魅力がわからない。わかっていても、相手にうまく伝えられないと感じる。

□**普通**…自分の魅力はある程度わかるが、すべてを相手にアピールすることができないと感じる。

□**高い**…自分の魅力を深く理解し、相手に強くアピールすることができると感じる。

相手の魅力

□**低い**…相手の魅力がわからないと感じる。もしくは、相手は魅力的だと思うが、具体的に何が魅力的なのか言葉にできない。

□**普通**…相手の魅力をある程度理解しているが、声に出して相手に伝えられない。

□**高い**…相手の魅力を完全に理解し、声に出して相手に伝えることができる。

距離

□**遠い**…相手との接点が少なく、考え方や価値観もまったく違うと感じる。

□**普通**…相手とはいくつか共通点があるが、まだ心の距離を感じる。

□**近い**…相手とは多くの共通点があり、高い親近感を感じる。

3 各要素の結果を方程式に当てはめてください。

例えば、次の評価の場合、
第一印象・・マイナス、自分の魅力・・普通、相手の魅力・・普通、距離・・遠い

方程式は

人間関係の強さ ＝（マイナス＋普通）× 普通 ÷大きい

となります。

4 立てた方程式を確認し、どの要素に力を入れるべきかを考え、次の点を考慮しながら戦略を立ててみてください。

・エクササイズ1で記入した、あなたが強いと思う要素と、弱いと思う要素

を振り返り、強い要素をより強化できるかどうか。

・あなたが弱いと思う要素があまりにもマイナス、低い・遠い場合、せめて「普通」にまで上げられるかどうか。

では、実際に3で例にあげた場合で考えましょう。もうすでに出会った人の場合、「第一印象」は変えられないのと、「距離」が遠いので、関係性をより強くするには、

(1)「相手との距離」を縮めることに集中する。

(2)「自分の魅力」をもう少しアピールする。

(3)「相手の魅力」を高めるために新しい情報を引き出し、その魅力を声に出して認識することに力を入れる。

といった選択肢があります。

5 **ここから、あなたの強みや弱みをもとに、あなたに合った戦略を立てます。**

例えば、自己アピールが苦手だとわかっている人は、まずは(1)と(2)に優先的に力を入れ、(3)は継続的に頑張る、という戦略を立てることができます。

このように、実際に仲よくなりたいと思う人を当てはめて、**現状とゴールを比較することによって、強化すべき要素を特定し**、人間関係の方程式を使えば、より自分の強みや弱み、そして周りとの関係性が可視化されます。

戦略を立てたところで、では次は何をすればよいのか？

次の章から、4つの要素を強化する方法を一つずつ見ていきましょう。

第1章　まとめ

●人の心をつかむには…

まずは強い人間関係構築！

||

$$\frac{(\text{第一印象}+\text{自分の魅力})\times\text{相手の魅力}}{\text{距離}}$$

●人間関係の方程式の4大要素

第一印象……マイナスでも、他の要素を強めることによって挽回《ばんかい》できる。→2章

自分の魅力…深く理解し、相手にうまく伝えることによって関係が深まる。→3章

相手の魅力…深く理解し、声に出して相手に伝えることによって関係が深まる。→4章

距離…………自分と相手の間にある心の距離が存在すると、関係性へのダメージ大。→5章

●人間関係の方程式を使う効果

自分のニーズや強み・弱みを考慮した、自分にカスタマイズされた人間関係の構築戦略を立てられる。

第2章

「第一印象」を制するものは人間関係を制する

この第2章では、**人から見た自分の姿、「第一印象」を強化する方法を説明していきます。**方程式の他の要素に比べ、**この要素だけが一旦マイナスになってしまうと、なかなか取り返しがつきません。**だからこそ、できる限りの準備に取り組んだ状態で、人間関係構築に挑む必要があります。

では、人に好印象を与え、短時間で虜《とりこ》にするにはどうすればよいのでしょうか？

相手に最高な第一印象を与えるための準備を一緒にしましょう。

✓ 好印象を与えるにはスピードが命

人はほんの一瞬で、初めて会う人の第一印象を決めています。

人間の「即断即決力」を研究するハーバード大学の心理学者ナリニ・アンバディー氏とロバート・ローゼンタール氏は、人は他人を見たときに、どれだけ速く印象を形成するのかを、ある実験をとおして検証しました。

実験の被験者は、何人かの大学教授の講義映像を10秒間見せられました。映像は音声がなく、被験者たちは教授たちから受ける印象を15種類にわたって評価しました。その結果、**教授たちに会ったこともない被験者の評価と、その教授たちが実際に教えていた生徒の評価が強く相関した**のです。

さらに驚きなのが、10秒間の映像を5秒に短縮して見せても、評価の相関性は変わりませんでした。そして5秒から2秒に短縮しても、同じ結果に至ったのです。

結論として、アンバディー氏とローゼンタール氏は「人は新しい人に出会ったときに、2秒という短い時間でその人の印象を即決する」としました。ここから、**人は表情やボディランゲージという非言語的要素をもとに、印象を形成する**ことがわかりました。

◆◆◆

「たった2秒で決まるなんて、いくらなんでも速すぎないか？」

そう思うかもしれませんが、実は**「人は0.1秒で第一印象を決めている」という研究結果も出ています**。

プリンストン大学の心理学者ジャニーン・ウィリス氏とアレクサンダー・トドロフ氏はある実験で、被験者に知らない人の顔写真を露出時間を何回か変えて見せ、写真の人が与える印象を判断してもらいました。

その結果、人は知らない人の顔を0.1秒間見ただけで相手の印象を決め、露出時間が長くなってもその印象はさほど変わらないことがわかりました。

似たような結果が、数々の研究によって示されています。

人間は、ほんの一瞬の表情や雰囲気を見て、瞬時に相手の印象がよいのか悪いのかを即断するということになります。

第一印象は一度決まったら変わらない!?

でも、第一印象はある程度の時間が経てば、つき合いをとおして変わるのでは？

そう思いますよね。

実際に、過去に会った人たちを思い返してみると、初めて会ったときの印象と、現在の印象は違うといえる人のほうが多いのではないでしょうか？

しかし、実は**第一印象を変えることはとても難しい**ことなのです。

◆◆◆

コーネル大学の心理学者ビビアン・ザヤス教授は、第一印象がどれだけ重要なのかを調査する研究を行い、55人の被験者に5人の女性の顔写真を見せました。被験者は顔写真を見た後に、各女性に対して好感度や外向性、開放性や協調性について評価しました。

一定期間が経った後、被験者たちは5人の女性のうちの1人に実際に会い、10分間一緒にゲームを遊び、会話をしました。

被験者によって、この期間が1カ月後の人もいれば、長くて半年後の人もいました。ゲームと会話が終わった後、被験者はもう一度、女性に対する評価を同じ項目を用いて行いました。

その結果、顔写真を見た後の第一印象と、数カ月後に10分間会話をした後の印象には高い関連性があったのです。

さらに、**第一印象は「implicit（潜在的）な印象」と「explicit（顕在的）な印象」で形成されている**という研究結果が発表されています。

なお、潜在的な印象は無意識に、直感的につくられます。

一方、顕在的な印象は意図的につくられ、言葉に表すことができます。

多数の研究結果によると、**顕在的印象は、その人に関する新たな情報を集めることによって変わることが多いが、滞在的印象の持続性は非常に高い**のです。

潜在的印象を変えるには、その印象を強く否定する情報を必要とし、それでも変わらない可能性もあります。

人間にはバイアス（固定概念）があります。大人になればなるほど固定概念が執着します。**自分の考えや信念を反証する情報ではなく、それを証明する証拠ばかりを探し、受け入れる傾向がある**のです。これを心理学では「**確証バイアス**」と呼びます。

◆◆◆

以上のことから、与えた第一印象を変えることは不可能ではないですが、人間の性質から難しいということになります。

「人は否定よりも肯定によって動かされ、かきたてられる。これは人に特有で永続的な誤りである」

イギリスの哲学者、フランシス・ベーコンの言葉です。

一般的に、人は一生バイアスをもち続けます。

人は長年かけて蓄積された経験や知見にもとづいて、無自覚のうちに物事の見方や

考え方を固定化し、判断基準として使っているのです。これは自分を守るためのサバイバルスキルでもあり、判断のスピードを上げるための大切な脳の機能でもあります。

第一印象もある種、バイアスから生まれるものなのです。自分に危険や悪影響を与えそうな相手には直感的に嫌悪感を抱き、その感覚が脳内に残ることになります。

逆に、初めにポジティブな印象を与えれば、その好印象は潜在的に相手の記憶の奥に根づき、自分に有利になります。

ここでおさらいです。

第一印象は一瞬で決まる。

特に潜在的印象は直感的に形成され、持続性が高く、変えにくい。

たった３つの要素で第一印象は決まる

第一印象はどのように決まるのでしょう。よい第一印象を与えるために必要な要素は、「信頼性」「有能性」「価値」。この３つだけです。

ハーバード大学で准教授を務めていた社会心理学者のエイミー・カディ氏はボディランゲージの専門家で、第一印象がどうつくられるのかについて研究を続けています。カディ氏によると、人は初めて会う相手に対して直感的に相手の意図を察知し、信頼できる人なのかどうかを即断します。次に、相手がどれくらい有力な人間なのか、相手の有能性と価値を判断するそうなのです。

◆◆◆

信頼性　**…この人は私の敵なのか？　味方なのか？**

有能性　…この人はできる人なのか？　勝ち組なのか？　負け組なのか？

価値　…この人と繋《つな》がることは私にとって有利か？
「もっと話したい」と思うか？

なお、第一印象に関する研究を調べてみると、多くのものがこれらと同じ評価項目を採用しています。

3つの要素を意識することによって、最高の第一印象を与えることができます。

◆◆◆

では、出会って最初の数秒で、これらの3つの要素を高め、ポジティブな第一印象を与えるにはどうすればいいのでしょうか？　あなたは次の3つのミッションを達成しなければいけません。

3つのミッション

MISSION 1 …「信頼性」をアピールする

TIP! 「信頼性」は数秒で相手に判断されるので、自分は信用できる人だと瞬時に相手に印象づけましょう。

MISSION 2 …「有能性」をアピールする

TIP! 「有能性」は数十秒で判断される要素なので、自分は「できる」人間なのだと瞬時に相手に印象づけましょう。

MISSION 3 …話す「価値」を証明する

TIP! 「価値」はもう少し時間をかけて、自己紹介や会話をとおして見せることができるので、事前準備をとおして「自分は話す価値のある人間なのだ」と相手に印象づけましょう。

「こんなの当たり前」と感じるかたも多いと思います。私も実際そうでした。

私は普段、ニコニコと人当たりよくしているつもりでしたが、ＣＩＡの面接で「表情が冷たい」「目が笑っていない」と言われたことがあります。そこで、**自分が思う第一印象と人に与えている第一印象には大きなギャップがある**ことに気づきました。

さらに、**自分の第一印象を与えるチャンスは一度しかありません**。

これを意識するために、私は「相手に自分の写真を撮られている」とイメージするようになりました。私があいさつをする最初の数秒間、相手はカメラを持っていて、自分の脳内データベースに残る私のプロフィール写真を撮っている、と想像するのです。

第一印象ほど、生半可《なまはんか》な気持ちで臨んでしまうと失敗をしたときのダメージは大きく、取り返すのが大切です。

３つのミッションを一つひとつ達成し、誰にでも最高な第一印象を与えましょう。

MISSION 1

スタートラインは「あいさつ」からではない

人間は本能的に、瞬時に相手が敵なのか味方なのかを判断します。

あなたの**最初のミッションは、「信頼性」をアピールすることです。**

「信頼」にはさまざまな種類や度合いがありますが、ここでいう信頼とは（動物）本能的なものです。どんなに警戒心が弱い人でも、「自分に何かしらの害やリスクがありそう」という人には敏感で、素早く距離を置きます。

「私はあなたの味方です」というアピールをしないと、一瞬で相手は壁をつくってしまい、その後の印象形成や関係構築に大きな支障を与えてしまいます。

ここで強調したいのが、**必ずしもスタートラインは「あいさつから」ではない**ということです。

第一印象は、**相手の視野にあなたが入った瞬間から**形成され始めます。

つまり、相手があなたの印象を判断するためのデータは、あなたが口に出す言葉の内容よりも、まずは表情や声の使い方、立ち居振る舞いや動作なのです。

◆◆◆

「相手に強烈な印象を与えるために、最初のあいさつはユニークに」
「相手を驚かせるあいさつをすれば、必ず相手の印象に残る」

このようなアドバイスを聞いたり、読んだことのあるかたも多いのではないでしょうか？

私は、これはリスクでしかないと思います。

なぜなら、個性をアピールすることは重要ですが、段階的に行わなければいけません。特に相手が初めて会う人で、相手の性格や価値観に関する情報がない場合、突飛なことをすると逆効果となってしまう可能性があります。

ですから、**出だしのあいさつは無難に「こんにちは」や「はじめまして」で統一す**

ることをお勧めします。

◆◆◆

では、言葉でなければ、信頼を得るためには何を意識すればいいのでしょうか？

それには、表情と声に焦点を当て、次の①〜④の4つの方法を試してみてください。

①目で笑うよう意識する

笑顔にはさまざまな種類がありますが、そのうちの1つが「喜び」を表現するものだといわれています。

笑顔の種類の正確な数は議論されていますが、30年以上人間の表情を研究しているアメリカの心理学者ポール・エクマン氏は50種類以上あると発表しています（中には「恥ずかしいときの笑顔」「傷ついているときの笑顔」「嘘をついているときの笑顔」など、喜びとは関係のない笑顔も多く存在するようです）。

「本物の笑顔」と呼ばれる**「デュシェンヌ・スマイル」**をご存知でしょうか？

フランスの神経内科医ギヨーム・デュシェンヌ氏は、顔の筋肉がどう表情をつくるのかを研究し、**本物の笑顔はたった2つの筋肉の収縮作用からつくられる**と発表しました。

この2つの筋肉は、**頬にある筋肉**と、**目を囲む筋肉**です。

この2つの筋肉を使って「デュシェンヌ・スマイル」をつくるには、口角を上げるだけではなく、目尻にしわができるくらい目の周りの筋肉を収縮させます。

「目が笑っていない」という表現から

「本物の笑顔」デュシェンヌ・スマイル

読み取れるように、**人は口元ではなく、目を見て本当に相手が笑っているのかどうかを判断します**。

目が笑っていない人は、愛想笑いをしていたり、無理やり笑っているような印象を与えてしまいます。このような笑顔は、その奥にある心理状態が相手に読みにくく、一気に警戒されてしまいます。

笑うときは、目で笑うよう心がけてください。

TIP!　自分が普段見せる笑顔を客観的に分析してみてください。

過去の写真を見て、「デュシェンヌ・スマイル」をつくれている写真と、つくれていない写真を確認してください。もしかしたら、つくれていない写真のほうが多いかもしれません。

次に、鏡の前で、目を下向きの三日月の形にするよう意識しながら笑ってみてください。その姿を自撮りして、**客観的に自分の笑顔を研究してみる**ことをお勧めします。

②アイコンタクトを維持する

「アイコンタクトは大切です」ということは、言われなくてもわかっていると思います。ここで**重要なのはアイコンタクトを「維持」すること**です。

日本人の場合、あいさつの際にお辞儀をすることが多いですが、「はじめまして」とあいさつの言葉を言っている途中に頭を下げて、目がかくれてしまう人と何人も出会ってきました。

私は、育ちはアメリカなので感覚の違いかもしれませんが、初めて会う人に対し「はじめまして」と**第一声を発している相手の目や表情がお辞儀の途中で見えなくなると、不信感を抱いてしまいます。**

フォーマルな場でお辞儀をしながらあいさつをするのはやめて、「あいさつしながらアイコンタクト＋笑顔」→「お辞儀」→「頭を上げ、再びアイコンタクト」をお勧めします。

また、**最初の数秒間は相手にちゃんと自分の目が見えるよう、相手と自分の目の間に何も妨げるものがないように**してください。あいさつをしているときに、前髪を手でよけたり、眼鏡を触ってしまう人がいますが、最初のアイコンタクトは信頼を得るためには特に重要です。もし髪や顔周りが気になるのであれば、相手に声をかける前に整えておきましょう。

TIP!　アイコンタクトが苦手な人は、**相手の鼻の中心**、もしくは**両目の間**を見ることを意識してみてください。

　さらに、コンビニやレストランの店員さんなど失敗しても悪影響がない相手と会話をするとき、練習のために日

正しいアイコンタクトの「維持」

頃からアイコンタクトを取ることを意識し、トレーニングをしてください。

③あごは引きすぎず、上げすぎず、真っすぐ向く

「あごは引きましょう」とよく聞くかもしれませんが、引きすぎてしまうと上目遣《づか》いになり、きつい印象を与えてしまいます。また、部屋の照明によっては表情が暗く見えてしまう可能性もあります。

逆に上げすぎても横柄な印象を与え、偉そうに見えてしまうリスクがあります。

無難なあごの位置

あごの角度について、さまざまな研究結果があります。「20度上にあげるのが印象がよい」というものもあれば、「引いたほうが姿勢がよくなるので好印象」というものもあります。

でも、よく考えると、その人の顔の形やつくりにもよるので、ベストな角度は人それぞれです。無難な方法は、できるだけ角度をつけず、真っすぐ前を向くことです。あるいは、実際に鏡を見て、あなたのベストな角度を見つけることをお勧めします。

TIP!　あごの角度を変えて、自分の表情を何枚か自撮りしてみてください。写真を客観的に見比べ、ベストな角度を探しましょう。

この**ベストの角度とは、あなたの表情がいちばん柔らかく、優しく見える角度**です。自分で判断することが難しい場合は、信頼できる友だちなどに意見を聞いてみることをお勧めします。

④「はじめまして」はワントーン高く

声のピッチ（音の高低）が第一印象に与える影響を調査したグラスゴー大学の研究では、**「声のピッチを上げて話すほうがポジティブに見え、信頼できる印象が強い」**という結果が出ました。

私が大学生のとき、当時上院議員で大統領候補者だったバラク・オバマ氏がキャンパスを訪れ、演説をしました。

低い声が特徴的なオバマ氏ですが、第一声の「Hello, Brown University students!」はピッチが高く、明るいトーンで叫んでいたことが非常に印象的でした。

その瞬間、学生たちは演説に引き込まれました。私も、オバマ氏のその第一声が私の体の中で響いたように感じ息をのみ、一気にエネルギーが上がりました。

「最初のあいさつはトーンを高く」ということは、アメリカの政治家の多くが用いるテクニックです。**地声がどうであれ、「明るいトーン＝好感がもてる、信頼できる」と、聞く人は本能的に思う**からです。

最初のあいさつだけでも、ワントーン上げて言うことによって、相手を安心させ、好感をもってもらえます。

TIP! 無理にいきなりピッチを上げるのではなく、少し意識するだけでもトーンは明るくなります。練習のために、一度自分の声をワントーン高く、そしてワントーン低く録音し、聞き比べてみてください。

MISSION 2 有能そうだなと思わせる

MISSION1（「信頼性をアピール」）を達成し、最初の数秒で自分は味方だと伝え、相手の信頼を得ることができたあなたの次のミッションは、相手に自分の「有能性」をアピールすることです。

ここでの「有能性」とは、仕事ができるかできないかではなく、人間的力量を指しています。

・この人はしっかりしている人なのか？
・自己管理ができているのか？
・「何かやる」と言ったら、それを本当に達成することができるのか？

ほんの数秒で、相手はあなたの人間としての有能性をジャッジします。

◆◆◆

ここで重要なのが、**あなたは自分が本当に有能なのかどうかを相手に伝える必要はない**、という点です。

大切なのは、「有能そう」「できそうな人」と思われることなのです。

「できる人＝勝ち組」と「できない人＝負け組」。このような二極端に人を分類することはとても難しいし抵抗もあることです。初対面の人はなおさらそうです。しかも、人間の有能性は、状況などさまざまな要因によって変化し、**信頼性のように直感的に感じ取りにくい**のです。

◆◆◆

なお、ここでは**自分が本当に有能なのか、有能ではないのかは関係ありません。**

カギは「有能そうだな」と相手に感じさせることなのです。

それでは、あなたは「できそうな人」だということを、どうアピールすればよいのでしょうか？

「信頼性」を判断した後、相手は目線を表情や声から、身体に向けます。

「有能性」をアピールするためには、相手が目にする視覚情報、つまり見た目や仕草をコントロールするのです。

①両手を相手に見えるようにする

せっかく「デュシェンヌ・スマイル」を見せ、アイコンタクトを維持していても、手で自分の顔や首を触ってしまうと、その動きのほうに相手の目がいってしまいます。

さらに、**顔や首元を触る動作は「緊張している」という印象を与えてしまいます。**

ＦＢＩのエージェントは尋問を行う際に、相手のボディランゲージを細かく観察します。そこで注目するのが**「手の動き」**です。相手が顔や首、あるいは首元にあるネックレスやネクタイなどを触る回数が多い場合、「相手は緊張していて、何かを隠している可能性が高い」と推測するそうです。

顔周りや首元を触るという動作は、緊張を軽減したい、自分を落ち着かせたいという心理状態を表します。そんな動作をしてしまうと、相手はあなたが緊張状態にあることを読み取り、あなたの有能性を疑ってしまう可能性があります。

さらに、**相手に「この人は私が苦手なのかな」と思われてしまうリスクすらあります。**

また、両手をポケットに入れたままあいさつすることはもちろんＮＧです。両手は相手が必ず見えるよう、体の前や後ろで組まずに横に置くことをお勧めします。

TIP!　クセで無意識に顔や首元を触ってしまう人も多いと思います。信頼性をアピールするためには**最初の数秒間がカギ**なので、相手にアプローチする前に「手は体の横に！」と呪文のように唱えることを習慣化してみてください。

②胸を張って、身体ごと相手に向ける

よい姿勢は、清潔で気品のある印象を与えます。背筋は真っすぐ、胸を張って身体ごと相手に向けましょう。逆に姿勢が悪いと自信なさげに見えて、「この人大丈夫かな？」と思われてしまいます。

普段から姿勢がよい人でも、初対面の人とあいさつをするときに、身体が縮こまってしまう人が多いのではないでしょうか？　また、相手に傲慢《ごうまん》な印象を与えないように、意識的に体を小さく見せる人もいると思います。

しかし、「有能性」をアピールすることが目的なのであれば、大きな要素の1つが**「自信」**です。ここで控えめにして萎縮《いしゅく》してしまうと、逆効果です。また、心理的にも自分が弱い立場にいる気持ちになってしまいます。

ノースウェスタン大学のケロッグ経営大学院の研究では、**身体を相手に開くようなオープン・ボディランゲージを用い、さらに周りのスペースを広く使う人のほうが、実際の役職や社会的地位とは関係なく、自信をもっていて有能そうな印象を与える**と明らかにしました。「この人、できそう」と思わせるには、自信を体で見せることが重要なのです。

TIP!　私自身、昔から猫背なので、直すことがどれだけ難しいことなのかを痛感しています。私は新しい人に会うとわかっている前には、**胸の中心あたりの肌に大きなステッカーを貼ります。**そして、新しい人に出会ったら、**相手にステッカーをアピールするよう体を相手に向け、胸を張ります。**もちろんステッカーは服の下にあるので相手には見えないのですが、こう意識することによって、自然と姿勢がよくなります。

③身だしなみをしっかりと

身だしなみは人柄を反映します。スーツのボタンが外れていたり、シャツに汚れがあったり、髪の毛が乱れていると、だらしなく、社会人としての自覚が欠けていると思われてしまいます。相手は一気にあなたの有能性を疑問視し、「できない人とは接したくない」という拒否反応が生まれてしまいます。

２０１１年にカナダで行われた実験で、**「身だしなみがきっちりしている人は、より高収入で昇格しやすい印象を与える」**という結果が出ました。

さらに、２０１３年にイギリスとトルコで行われた研究では、こんなものもあります。被験者が5秒間、テーラーメイドのスーツを着ている男性モデルと、既製のスーツを着ている男性モデルの写真を別々に見せられた結果、5秒という短い時間の中で、**圧倒的にテーラーメイドのスーツを着ている男性のほうが「成功していて、高収入、自信が高く仕事ができる」と評価された**のです。

人と会うときに身だしなみを整えるのは、基本中の基本ですよね。だからこそ、見落とされがちな部分でもあるのです。この機会に、服装だけではなく、髪の毛や手と爪の手入れ、名刺入れやハンカチなどの小さな持ち物も見直してみてください。

TIP! まずは、何かを足すことに集中するのではなく、マイナスになりそうな要素を見出し、徹底的に排除することをお勧めします。例えば私の場合、年に2、3回クローゼットの中身を見て、糸がほつれたりボタンが外れたりしている服は処分、もしくは寄付します。

身だしなみのチェック

④身体は動かさず、動作はゆっくりと

そわそわしてしまったり、仕草や動作が速いと緊張や焦りを連想させてしまいます。逆にじっと立っていて、**一つひとつの動きがゆっくりで丁寧な人は、落ち着いて自信をもっている印象を与えます**。

わかりやすく有名な例は、1960年のアメリカ大統領選挙時に行われたジョン・F・ケネディとリチャード・ニクソンのテレビ討論です。史上初のテレビ討論会だったため、国民の4割（約7000万人）が視聴しました。

ラジオで討論を聴いていた人はニクソンが勝利したと思っていたのですが、テレビの視聴者はケネディが討論会を制したと確信しました。ケネディはテレビを意識し、白黒テレビに映えるスーツの色から立ち居振る居舞い、細かい仕草までを気にし、「アメリカ大統領」にふさわしい外見を見せることに力を入れる戦略をとったのです。

一方、ニクソンは討論内容に力を入れたものの、カメラの前でそわそわと動き、片足に重心をかけただらしないポーズのままで話してしまい、落ち着きのない印象を視聴者に与えてしまったのです。自信のなさそうなニクソンの姿からケネディに視聴者

の票が動き、僅《きん》差《さ》でケネディが勝利したのです。

TIP! そわそわと体を動かしてしまうクセがある人は、**両足を前に向け、背中を真っすぐして立つ練習を鏡の前で行ってください**。どうしてもどこかを動かしたいと思う場合は、相手には見えない足の指を動かしてみてください。

ゆっくりと動作をする練習には、**テンポが遅い曲を探し、テンポに合わせてスムーズに手や腕を動かす練習**をお勧めします。人と話すときも、その曲

落ち着いた印象を与える練習

を思い出し、テンポを意識して動いてみてください。

MISSION 3 自己紹介をとおして自分の「価値」をアピール

MISSION 2を達成し、相手に自分は「できそうな人」と感じさせ、「有能性」を伝えることができたあなた——次のミッションは、**自己紹介をとおして、話す「価値」のある人だなと相手に思わせる**ことです。

「価値」のある人だと思わせるには、相手の関心を引くことが重要です。

- **この人と繋《つな》がることによって、私に何のメリットがあるのか？**
- **この人と話すことによって、どんな情報を得ることができるのか？**

これらの問いへの答えによって、相手はあなたに注目する度合いや、あなたに対して費やす時間を直感的に決めるのです。

人は初めての人に会うとき、相手に対して自然と関心度は高くなりますが、未知の人と対面するからこそ、ソロソロと「探り」モードに入ります。

でも、人間の関心度は変わりやすく、集中力にも限度があります。より刺激的な会話や状況が他にある場合、注意はすばやくそちらに向けられてしまいます。

だからこそ、他のミッション同様、**このミッションでもあなたの敵は「時間」**です。できるだけ3分以内に、あなたの価値を早めに伝えなければいけません。

関心度がいちばん高い最初の数秒、数分間だからこそ、価値となる情報を相手に明確に伝えやすく、覚えてもらいやすいのです。

逆に、**時間が経てば経つほど、相手の関心度は薄れていきます。自分の価値を証明するハードルがどんどん上がってしまいます。**

◆◆◆

日本人は謙虚さを優先し、自慢に聞こえるようなことは積極的には言わずに、会話が進む中で徐々に、間接的に伝えていく傾向があると思います。

でも、**ここでの謙虚さは時間のムダ**です。謙虚さは短時間で見せるものではなく、時間をかけて実際のアクションや言動をとおして見せるものなのです。

さらに、**「傲慢《ごうまん》」で「自信過剰」と思われてしまうのを恐れて、自分からアピールをしないということは謙虚ではなく、自分（の能力や位置）を低く見せる謙遜だ**と私は思っています。自分の価値は自分からしっかりと伝えましょう！　他に伝えてくれる人はいないのですから。

相手はあなたに価値をつけたがっているのです。

その手助けとして、相手の求めている情報をしっかりと与え、価値の判断をしやすくしてあげましょう。

では、具体的に何をすればよいのでしょうか？

あなたの「価値」は、自己紹介をとおして素早くアピールできます。

お勧めのアピール方法がいくつかありますよ。

アピール① 名前を覚えてもらう努力をする

自分の価値を証明する情報を伝えても、そもそも名前を覚えてもらわなければ意味がありません。まずは、自己紹介のはじめに来るあなたの名前を覚えてもらえる努力をすることが重要です。

ありきたりなのが、自分の名前の由来や自分の特徴や情報、あるいは芸能人などの自分とは直接的に関係のない情報と関連づけて名前を紹介することです。

ただし、**関連する情報があまりにも相手にとって価値が低いと、覚えてもらえないリスクが高まります**。例えば、「岡山です。実は私、岡山出身なんですよ」と言われても、そもそも岡山さんが岡山出身だという、価値としては低い情報を覚えておかなければいけません。

また、情報が自分との関連性が低いと、自分の名前とその情報を繋《つな》げる糸が弱くなってしまいます。「〇〇と申します。最近、朝ドラで活躍している女優の〇〇さんと同じ苗字です」と言われても、あなたがそのタレントの親戚でない限り、「覚えておこう」と思わせるのは難しいでしょう。

そこで、私がよく使うテクニックを3つご紹介します。

TECHNIQUE 1 …覚えてほしいと率直に言う

関連する情報を伝えて、「名前を覚えてもらえるといいな」と願うのは、不確実すぎます。覚えてもらえるよう確実性を高めるには、相手に率直に「名前を覚えてほしいです」という意図をはっきりと伝えることです。

例　私の名前はありきたりなんで、なかなか覚えてもらえないんですよね。〇〇さん、私の名前を覚えてもらえますか？

例　私の名前は〇〇で、覚えにくいとよく言われるんです。ニックネームを考えようと思ったこともあるんですが、よいのが見つからず…。○○さんが私に覚えやすいニックネームをつけるとしたら、何にしますか？

例

すみません、名刺を切らしているんですが、○○さんに私の名前を覚えてもらいたいんです！　後日メールをお送りするので、覚えていてもらえますか？

このように、**相手に自分の意図をしっかりと伝え、「名前を覚えてあげよう」と思わせる**のです。

TECHNIQUE 2 …自分の名前をすり込む

相手に率直に「名前を覚えてください」と言うことが難しい場合は、**自分の名前に関する説明を短いストーリー形式で話します**。さらに、そのストーリーの中で**自分の名前を何回か出し、相手に印象づける**のです。

例えば私の場合、

「**REINA**と申します。この**REINA**という名前には、あるストーリーがありまして。私はアメリカで生まれ育ったんですが、両親が『アメリカ人でも言いやすいグローバルな名前にしたい』ということを考えていたらしいんです。そしたら、ある日、隣の家に住んでいたメキシコ出身の80歳のおじいさんが、『**REINA**はどうだい？　**REINA**はスペイン語で〝女王〟という意味なんだ』と両親に話したそうなんです。なんて素敵な名前なんだ！　と思い、**REINA**と名づけたらしいです」

このように話します。ＲＥＩＮＡと5回伝えています。短いストーリーが有効なのは、自分の名前を何回も言えるだけではなく、登場人物や背景などを具体的に説明することによって、聞き手は頭の中でストーリーを視覚的に描くことができ、ストーリーの脳内イメージと、あなたの名前を関連づけすることもできます。

TECHNIQUE 3 …自分の名前を言わせる

最後に、かなり高度な技ですが、**相手に自分の名前をくり返してもらう**のが効果的です。英語であいさつをする際、私はよくこのテクニックを使います。日本語、そして日本人同士だと難易度は高くなりますが、使えると思うかたは是非やってみてください。

例 自己紹介をするときに、**自分の名前を早口で言い、相手に「もう一度お願い」と言わせます**。そこで、ゆっくりと自分の名前を発音します。ほとんどの場合、相手は「理解できなかったものを理解できたと表したい」という心理が働き、私の名前をくり返して言ってくれます。

例 「私の名前は○○です」と言った後に、少し間を置き、相手とアイコンタクトを維持します。すると相手は何かを要求されているのを察知し、「○○さんね、はじめまして」とこちらの名前を言って間を埋めます。

TIP! TECHNIQUE 2と3は、人の名前を覚えるときにも使えます。相手が自己紹介をしたら、**名前の由来や名前にちなんだストーリーを聞き出し、自分の頭の中でビジュアル化してみてください**。さらに、相手の名前を会話中に何回もくり返すことによって、相手の名前が記憶に定着しやすくなります。

アピール② 興味と共感を得るキーワードを盛り込む

名前を言い終えた後、ここからが勝負です。**できるだけ簡潔かつダイレクトに、あなたの個性を表すキーワードを盛り込みます。**

ここで大事なのが、「興味を引く情報」の直後に「共感や親近感を得る情報」を必ず足すことです。つまり、「へー」と思わせた後、「私も」と思わせられれば、相手も自分と話すときにどんな話題を振り、どんな話をすればよいのかがクリアになるのです。

例えば、次のような感じになります。

興味　私はアメリカのニュージャージー州で生まれ育ちました。ＮＹＣやボストン、ＤＣに住んでいたこともあります。

共感　アメリカ旅行に興味をもっていたり、ビジネスで行く予定はありますか？

行動　もしあれば、いつでも相談してください！　お奨めスポットをたくさん紹介するので。

TIP!　「共感」を得るための情報のカギは、話し方を**「コール・トウ・アクション（CTA）」形式**にすることです。

主にウェブマーケティングで使われるこのCTAという用語は「行動喚起」を意味し、次に取ってもらいたい行動

共感を得るCTA形式の話し方

に相手を誘導することをいいます。

ＣＴＡ形式にすることによって、**相手に話してほしいトピックや話題を促す**のです。

例えば「私はラーメンが大好きで、ほとんど毎週、週末はラーメンの食べ歩きに出かけます（**興味**）。特に冬は、冷えた身体にスープのうま味が沁みますよね（**共感**）。東京の有名ラーメン店は一通り制覇したので、興味があれば何でも聞いてください（**行動**）！」といった具合になります。

アピール③　最後は必ず名前とキーワードで締める

自己紹介の最後に、優先度の高い情報をくり返します。今まで聞いた内容と、あなたの名前と顔や見た目、すべてを一致させるための「まとめ」です。

例えば、

「長くなりましたが、まとめますと、名前は〇〇で、仕事は〇〇、趣味は〇〇です。よろしくお願いします」。

これくらい簡潔でコンパクトにすると、相手も情報を覚えやすいのです。まとめのはずなのに、**長々とまた同じ情報をくり返さないよう注意**してください。

ここでの目的は「万が一伝わっていない場合、もう一度伝えたい情報を言う」ことではなく、「相手が覚えやすいよう、ヒントとなるキーワードを並べてあげる」ことです。

TIP! ここでも自分の意図を相手に率直に伝えたほうが確実です。

自己紹介の終わりに、**「是非、今日は〇〇さんに私のことを覚えてもらいたいので、もう一度名前を言いますね」**と前振りをし、名前とキーワードとなる情報を簡潔にまとめます。シンプルですが、効果は絶大です。

アピール④ 難易度の高い人には「道具」を使う

会話に参加している人の人数やその場の流れによって、短い自己紹介も難しい場合があります。また、立場やタイミングによって、相手の関心度が初めからかなり低い場合もあり、難易度の高い人の可能性もあります。

名前を言うだけで精一杯…。でも、しっかりと自分の価値を証明したい。そんなときは、「道具」を使って相手の興味を引き、きっかけをつくり、それを入口として自分のアピールを始めればよいのです。

「道具」とは、誰もが興味をもちそうな可能性が高いものです。

例 **名刺に自分や会社のユニークなキャッチコピーを記載しておく**

私は、会社用の名刺に「英語を教えない英語道場」というキャッチコピーを記載しています。10人中９人は名刺を受け取ったときに、「これ、どういうこと?」と興味をもち、話すきっかけをつくってくれます。

会社用の名刺の内容を変えるのが難しい場合は、パーソナル用を自分でデザインし、持ち歩きましょう。

私は、豪華客船のＴＶ企画でＶＩＰと仲よくなれるかチャレンジしていたときに、一から名刺を手づくりしました。

名刺に「アメリカ出身、日本在住。部屋番号は○○です。新しいお友だちをつくりたいので、一緒にランチをしたいかたはいつでも部屋に電話してください！」というメッセージを書き込み、自分のキーワードを含めた短い自己紹介も入れました。

そして、仲よくなりたいと思う乗客に会ったらその名刺を渡し、相手の興味を引きました。

例

目を引くアイテムを身につけておく（眼鏡、アクセサリーなど）

仕事用名刺とプライベート用名刺

会社用

SparkDojo
英語を教えない英語道場

REINA

〒000-0000
●●●●●●●●●●●●●
TEL:00-0000-0000/FAX:00-0000-0000
Email:XXXXX@xxxxxx.co.jp

英語を教えない英語道場

プライベート用

REINA

アメリカ出身、日本在住、●●です。
一緒にランチしたい人、TEL ください

豪華客船の企画の際、仲よくなりたいと思うＶＩＰの乗客の興味を引くために、私は着物をもっていきました。クルーズパーティなど人が集まる場に行くときには、必ずこの着物を着ました。多くの乗客は私に「日本から来たの？」と話しかけ、私が自分のアピールをするきっかけとなりました。

TIP!　ここでの目的は、ただ単に興味を引くということではなく、自分の価値をアピールするきっかけとなる道具を使うことです。つまり、その道具自体が面白くても、自分に関連するものでなければ、自分の話に誘導することが難しくなってしまいますので注意してください。

第一印象は短時間で形成され、なかなか変えることができません。

この要素を最大限に引き上げるためには、すべてのテクニックをいっぺんに実践するのではなく、**まずはできそうなテクニックを選出し、実生活に取り入れてみてください。**

第2章　まとめ

●第一印象は一瞬で決められる（→p.42）

→「潜在的印象」は直感的に形成され、持続性が高く、変えにくい。

●第一印象は3つの要素によって決まる（→p.49）

①信頼性………自分は敵なのか、味方なのかを相手に見せること

②有能性………自分はできる人なのか、勝ち組なのかを相手に見せること

③価値…………自分は話す意味のある人なのかを相手に見せること

●最高の第一印象を与える3つのミッション（→p.51～）

MISSION 1…「私はあなたの味方です」と思わせる

MISSION 2…「有能そう」「できそうな人」と思わせる

MISSION 3…自己紹介をとおして自分の「価値」をアピールする

第3章

あなたの魅力を最大化する3つのステップ

第2章では、最高の第一印象を与える方法をご紹介しました。

本章では４つの要素の中の「あなたの魅力」を強化する方法と、そのために行うエクササイズを紹介します。

「自分の魅力」を特定し、強化することは、一見自分のことなので簡単そうに思えます。しかし、自己分析が必要だからこそ意外と難しく、苦戦してしまう人もいると思います。

めげずに自分と向き合ってください。このようなエクササイズには、環境づくりが大切です。**リラックスした状態で、ゆっくり考えてみてください**。

また、**一気にエクササイズを行わずに、時間をかけてください**。そして、後日振り返ってみたり、やり直してみることもお勧めします。最初に見えなかったものが、見えるようになりますから。

それでは、一緒にあなたの魅力を見つけていきましょう。

相手の記憶に残る自己アピールには、事前準備が必要

あなたは初めて会う人たちとの食事の席で自己紹介をするとき、何を伝えますか？　中には「鉄板」の自己紹介を用意している人もいるでしょうが、「話しながら考えればいいや」という人もいると思います。いずれにしても、急に自己紹介を求められ、焦ったことがある人が多いのではないでしょうか。

私は昔、大学時代にヨーロッパのテロ対策を勉強するためにデンマークに留学したことがあります。そのとき、初めて会うクラスメイトたちとのランチの後、**「で、あなたの名前なんだっけ？　日本から来たんだっけ？」**と聞かれたことがあります。

「いや、アメリカからなんだけど…」と私はぼっそり言い、シュンとしてしまいました。

最初に自己紹介をして、食事中も一生懸命会話に入ろうとしたのに、名前すら覚えてもらえていないなんて、ショックでした。

あなたは似たような苦い経験を味わったことがありますか？

寮に戻り、私はランチを振り返り、自分の自己紹介と他の人たちの自己紹介を思い出してみました。

◆◆◆

よくよく考えてみると、私はいきなり自己紹介タイムになったのでびっくりしてしまい、まとまりもなくダラダラと自分について話してしまったのです。伝えたい情報を3～4分間も一方的に話し、それで「自己アピールできた！」と満足していたのです。

何が言いたいのか？　強調したい情報は何なのか？

恐らくとてもわかりにくく、つまらない自己紹介だったと思います。

一方、他の人たちはどうだったのか？　私は彼らの名前やキーとなる情報を覚えているか、確認してみました。

デイブの場合

・私と同じアメリカ・ニュージャージー出身
・弁護士の卵
・面白くてよく冗談を言う

マーヤの場合

・アメリカ・メリーランド州出身
・ジョージタウン大学で政治学を勉強している
・動物が大好きで犬を３匹飼っている

他の人たちの自己紹介は簡潔で、印象に残るキーワードや、最も覚えてもらいたい情報だけが含まれていたのです。

コミュニケーション能力が生まれつき優れている人は、その場の雰囲気や相手に合わせて自己アピールをすることができるのでしょう。

でも、そうでない大多数の人は、どうすればよいのでしょうか？

◆◆◆

私は人間関係構築のためには、「事前準備」ほど重要なことはないと思っています。

この事前準備というのは、何を伝えるのかを事細かく用意しておくということではなく、**「自分」についてよく知っておくことと、「相手」や「コミュニケーションをとおして何を達成したいのか」を可能な限り把握しておく**、ということです。


私たちは日頃、プレゼンや会議など、状況・内容・オーディエンスが予測できるシチュエーションに対してはしっかり準備をしますよね。ある程度求められている情報や、参加者の特徴や傾向、話す内容が決まっているからです。

一方、交流会での雑談やミーティング後の会食などの、コントロールできない不確定要素が多いシチュエーションでは、準備の仕方がわからず、「ぶっつけ本番！」というマインドセットで相手に臨む人が多いと思います。

でも、どのようなシチュエーションが待ち構えていたとしても、効果的な準備は事前に可能です。

正しいステップを踏めば、誰でも自分の魅力をアピールすることができます。本章で紹介する３つのステップをとおして、一緒にあなたの性格や個性を探り、準備していきましょう。

その前に、私がＣＩＡでの面接の実体験から学んだ、性格分析の重要性について次にあげたいと思います。

なぜCIAは必ず諜報員の性格分析を行うのか

あなたは、今、自分が誰なのかを言葉で説明することができますか？

例えば、

Q. あなたはどんな性格ですか？

Q. あなたの強みは何ですか？

Q. あなたの弱みは何ですか？

Q. あなたの最も重要とする価値観は何ですか？

Q. あなたの原動力となる願望や目標は何ですか？

「自分のことなんだから、できて当たり前！」と思いがちですが、実はバイアス（固定概念）や感情を排除して分析し、自分を正しく理解することはとても難しいことなのです。

このスキルは**セルフアウェアネス（自己認識力）**といって、コミュニケーションにおいてとても重要な要素です。

コミュニケーションする上で、「自分」とは最大の資源であり、武器でもあります。自己認識力が高い人は「自分」をうまく使い、強みを活かしつつ弱みを補強し、場に合った適切な判断を下し、より強い人間関係を築くことができます。

自己認識力について長年研究をしている組織心理学者のターシャ・ユーリック氏によると、自己を分析し、認識する力には2つのスキル（「**内面的自己認識力**」と「**外面的自己認識力**」）があります。

「内面的自己認識力」とは、周りには見えにくい、自分の性格や、アイデンティティを形成する要素を理解することです。

この力が高い人は、自分を明確に見ることができています。自分の価値観、願望、理想などが明確で、どのような環境が自分をハッピーにするのか、自分にとって何がベストなのかを深く理解しています。

一方、**「外面的自己認識力」とは、自分が他人からどう見られているのかを理解すること**です。

この力が高い人は、他人の目に映る自分を正確に分析することができ、さらに「自分が思う自分」と「他人が思う自分」が必ずしも一致しないことを認識しています。

コミュニケーションにおいては、この両方の力が非常に重要なのです。

コミュニケーションとは、特定の「相手」がいるからこそ成り立つので、内面的自己認識力だけが高くても、他者のフィードバックを受け入れ自分の考え方を変えたり、相手の感情や思いも考慮できないと、自己満足のコミュニケーションしかできません。

逆に、外面的自己認識力だけが高くても、人に合わせすぎて、相手はハッピーになるものの、自分のしたいことができなかったり、自分の目標が達成できないリスクが高まります。

◆◆◆

この「自己認識力」というスキルは、CIAの諜報員には非常に重要視されます。
だからこそ、CIAは諜報員の性格特性を徹底的に分析します。

CIAにとって、諜報員は使える一種の「道具」です。チェスに例えると「駒」なので、その駒の価値や動ける範囲を事細かくプロファイリングします。

しかし、チェスボードのどこにどの駒を置くかはCIA本部の判断であっても、実際に駒として動くのは諜報員本人です。

現地で働く彼らは、自分のポテンシャル（潜在的な可能性）を明確に把握しておく必要があります。だからこそ、CIAは諜報員を採用する前に精神審査や数々の性格診断を行い、長所や短所を特定し、その結果を諜報員と共有します。

さらにロールプレイなどのトレーニングをとおして、自分が他人に与える印象を分析する能力を鍛えます。諜報員の「内面的・外面的自己認識力」を高め、駒として最も有効的に動けるよう訓練するのです。

例えば私の場合、ＣＩＡが面接で実施した性格診断の一部で「外向的」という結果が出ました。

ただし、面接官との受け答えやロールプレイの中で、**「話す内容やアプローチの仕方は明るいけれど、表情が硬く、目が笑っていない」**と言われました。

こうして、見た目は外向的でも、最初に与える印象はよく言うと落ち着いているが、悪く言えば冷たく、近寄りがたいということに気づかされました。

そんなつもりはまったくなかったのに、人からはそう見られてしまっていた…。私の中で大きな気づきとなり、それからは表情のつくり方を鏡の前で練習しました。

こうした気づきを経験することは、自己認識力にプラスの働きとなります。

そのために、本章ではエクササイズをとおして、**あなたの性格特性や個性を特定し、一緒に「自分」を内面的にも外面的にも認識したいと思います。**

注目すべき5つの性格特性

近年、さまざまな性格診断アプリが流行っています。使ってみたことはありますか？
私もいくつか利用したことがありますが、「なるほど」と思う結果もあれば、「これ本当なのかな？」と思うものもありました。納得できる結果でも、コミュニケーション能力の向上のためにどう使えばよいのか、わかりませんでした。

人間の性格を5つの要素をもとに分析する「ビッグファイブ性格特性診断」や、16タイプに分類する「マイヤーズ・ブリッグスタイプ指標」など、有名な心理学の性格理論を試してみても、どれも総合的で広範囲の診断法なので、人に好かれるコミュニケーションをとるためのヒントを得ることは難しかったのです。

私は、さまざまな性格診断法や性格理論を使ってみた経験から、**「人の心をつかむ」**

という関係構築のテーマに向き合うとき、性格分析がしやすい5つの特性を使って考えるようにしています。これらの特性とその尺度は、主にビッグファイブとレイモンド・キャッテルの16パーソナリティ因子の研究にもとづいています。

①明るさ・外向性 — LIVELINESS／EXTRAVERSION

興味や関心が自分だけの世界でなく、どれほど外界に向いているかを測る特性です。

この特性が高い人は、普段からエネルギッシュで生き生きとしていて、外的要因から刺激を求めます。

この特性が低い人は、刺激よりも安定を求め、落ち着いていて控えめです。

▼特性を見極めるポイント：エネルギー源が「人」なのかどうか

②自己主張力・支配性 — SELF—ASSERTION／DOMINANCE

どれくらい状況や他人をコントロールしたがり、そのために自分の意思や考えを主張するかを測る特性です。

この特性が高い人は躊躇《ちゅうちょ》なく会話に入り、積極的に声を上げ、周りに指示を出すことで場をコントロールする傾向があります。

この特性が低い人は服従的な行動をとることが多く、成り行きに任せがちです。

▼特性を見極めるポイント：会話や場のコントロールにこだわるかどうか

③情感・協調性―WARMTH／AGREEABLENESS

自分以外の人が感じていることにどれくらい関心をもち、調和を求めるかを測る特性です。

この特性が高い人は他人への共感能力が高く、思いやりのある行動をとる傾向があります。

この特性が低い人は他人の心の状態や周りに与える影響よりも自分の考えや決断を

優先し、自分の感情をあまり見せません。

▼**特性を見極めるポイント：人や自分の感情を意識するかどうか**

④好奇心・開放性 ― CURIOSITY ／ OPENNESS

どれくらい好奇心が強く、新しいアイディアや視点を受け入れ、今までにない経験に対して開放的かを測る特性です。

この特性が高い人は想像力が豊かな上、変化に対して柔軟で、新しい知識や経験を追求する冒険家です。

この特性が低い人はルーティーンを好み、先がわからない道に進むより、「今までどおり」を選択します。

▼**特性を見極めるポイント：新しい体験や知識に対してオープンかどうか**

⑤緊張・警戒心 ― TENSION ／ VIGILANCE

リスクや失敗、危険などに対してどれくらい敏感で、緊張しやすいかを測る特性です。

この特性が高い人は簡単に人を信頼せず、周りに隙《すき》を見せずに慎重に行動し、距離を置きます。

この特性が低い人は簡単に人を信用し、裏切られるリスクを考えず、リラックスしています。

▼特性を見極めるポイント：リスク削減のために、自分と周りの間に壁をつくるかどうか

さあ、いよいよ！　この5つの性格特性を使って、あなたの性格を分析し、自己認識力を高めます。途中で脱落しないように、4つのステップに分けていますので、1つずつ挑戦してくださいね。

自分をどれくらい正しく分析できているか

これからご紹介する自己認識力を高めるエクササイズはただ読むだけではなく、エクササイズを行い、答えを本書に書き込むか別紙に書き起こしてください。頭の中で考えるのと、実際に自分の考えを書き出すことには違いがあります。一歩下がって書いた文字をみて、違和感がある部分や訂正したい考えを特定することができるので、書くことをお勧めします。

それでは、一緒にあなたの魅力を探りましょう！

STEP 1 はじめの一歩…自分について考える

このステップの目標は、内面的自己認識力を高め、あなたの性格特性を分析するこ

とです。

人の性格はさまざまな特性から成り立ちますが、前出の「人との関係構築に最も関わりが強い5つの性格特性」を中心に、あなたの性格を解明します。

どの性格特性が強いか弱いかによって、最適なコミュニケーション戦略も異なります。自分の行動傾向の根っこにある性格特性をより深く知ることによって、効果的に関係構築に挑むことができるのです。

ここで重要なのが、「**内面的自己認識力**」です。できるだけ正直に、プライドや感情を排除して、自分と向き合って考えてください（一方、謙虚《けんきょ》すぎてもいけません）。「自己」とは複雑なもので、常に変化し続けています。次に紹介するエクササイズ3は、**これからも自分について考え続けるはじめの一歩**だと思ってください。「人にどう見られているか」は気にしないで答えてください。

エクササイズ3

あなたの内面的自己認識力を高めよう

まず、想像してください。

あなたは友だちに立食形式のビジネス交流会に誘われました。

会場に到着し、部屋に入ると参加者は50人ほどで、もちろん全員初対面。友だちは見当たりません。スマホを確認すると、友だちから「ごめん、だいぶ遅れる」とのメッセージが。

あなたは部屋に入ります。

1 次の中で、自分に当てはまる項目をチェックしてください。

①明るさ・外向性

A

- □人がたくさんいてワクワクする
- □部屋をゆっくりと見渡し、面白そうな人をまず見つける
- □会話に入っていき、リアクションをしたりよく話す
- □人と話すときにアイコンタクトをよく取り、声も大きい
- □話がつまらないと感じると、他に話せる相手を目で探し始める

B

- □人がたくさんいて疲れる
- □1対1か大きなグループでの会話を好む
- □興味のあるトピックには参加するが、興味がないと基本的に聞いているだけ
- □部屋がうるさいので、あまり声を上げない
- □トイレに行ったりスマホを見るなど、定期的に休憩をとる

②自己主張力・支配性

A

□積極的に会話を始める

□自分から話のネタを切り出したり、話したいトピックに会話を誘導する

□人につっこみを入れることが多い

□誰かが話している最中に、他の人のリアクションを気にする

□新しいアイディアを共有したり、「へー」と言われることを好む

B

□人にアプローチされるのを待つ

□会話の流れに合わせ、自分から新しいトピックを切り出すことはない

□人が話しているときは話を遮《さえぎ》らない

□話している人だけに目を向け、言っていることに集中する

□会話中、沈黙が続くと焦ってしまう

③情感・協調性

A

- □「ですよね」「私も」と言うことが多い
- □人が楽しそうに話していると自分も楽しくなる
- □会話に参加できていない人がいると、質問して会話に引き込もうとする
- □人のちょっとした表情の変化に敏感
- □人に笑顔を見せ、温かく接する

B

- □「でも」「だけど」と言うことが多い
- □自分が話していると会話が楽しい
- □会話のバランスや他の人が参加しているかどうかをあまり気にしない
- □人の表情を読むことが苦手、もしくは気にしない
- □人にあまり感情は見せずに、クールな印象を与える

④好奇心・開放性

A

□人にたくさん質問をして、情報を引き出そうとする

□自分と違う業種の人との会話を好む

□飲んだことのないドリンクを勧められ、好きかどうかわからないが試してみる

□まったく知らない体験や知識を聞いても、ある程度想像できる

□交流会後、帰りの電車の中で今日出会った人をＳＮＳで調べたり、話した内容について振り返る

B

□人に質問をするよりも、自分の話をすることが好き

□自分と似た業種の人との会話を好む

□飲んだことのないドリンクを勧められるが、自分が好きとわかっているドリンクを頼む

□まったく知らない体験や知識を聞くと、全然想像できず、理解に困る

□交流会後、帰りの電車の中で明日の予定や次にやることについて考える

⑤ 緊張・警戒心

A

□家族や仕事の内容など、プライベートな質問を聞かれたら答えを濁《にご》す

□自分が人にどう見られているのかを気にする

□新しい人と話すときに身構える

□「今度ご飯行きましょうよ」と言われたら、本気なのかどうか考える

□ＳＮＳの連絡先を交換する相手を選んだり、繋《つな》がりたくないときは交換しないことが多い

B

□人に絶対に話したくないと思う自分の情報は特にない

□自分が人にどう見られているのか、そこまで気にしない

□新しい人と気楽な気持ちで話せる

□「今度ご飯行きましょうよ」と言われたら、「いつにしますか？」と返す

□基本的に誰とでもＳＮＳなどの連絡先を交換する

	A	B	差	尺度
①明るさ・外向性				
②自己主張力・支配性				
③情感・協調性				
④好奇心・開放性				
⑤緊張・警戒心				

2 それでは、**「A」と「B」の合計チェック数を、上のチャートに記入してください。**

次に、それぞれのチェック数の差※からそれぞれの特性がどれほど高いか、低いかを次ページの尺度表から選び、いちばん右の行に記入してください。

※数値が大きい方から小さい方を引いた数

尺度表

・B－Aの数値が
- 「5」→**非常に低い**
- 「3～4」→**低い**
- 「1～2」→**低め**

・AとBの数値が
- 「0」→**普通**

・A－Bの数値が
- 「1～2」→**高め**
- 「3～4」→**高い**
- 「5」→**非常に高い**

あなたの結果はどうでしたか？　納得したり、新しい気づきなどありましたか？

（項目Aのチェック数のほうが多ければ、あなたはその特性が高く、項目Bのチェック数のほうが多ければ、その特性は低くなります。）

	A	B	差	尺度
①明るさ・外向性	4	1	3	高い
②自己主張力・支配性	4	1	3	高い
③情感・協調性	3	3	0	普通
④好奇心・開放性	5	0	5	非常に高い
⑤緊張・警戒心	4	1	3	高い

ちなみに、私の結果はこちらです。

私の「情感・協調性」のように、「普通」という結果が出る人もいると思いますが、これはよくあることです。**相手との相性や場の空気によって、私の場合は協調性が高くなるときもあれば、低くなるときもあります。**「普通」という結果が出た場合、どのような状況で高くなり、またどのような状況で低くなるのかを考えてみてください。

このように、自分の内面と向き合い、自分の性格やコミュニケーションスタイルを形成する特性を認識することは、どういうシチュエーションや相手が得意・苦手なのかを知るガイドラインとなります。

今回のエクササイズは「内面的自己認識力」を高めるためのものでした。**次のエクササイズでは「外面的自己認識力」を追求します。**

エクササイズ4　あなたの外面的自己認識力を高めよう

1 まず、友だちや同僚など、**自分を知る人の中でいちばん最近に出会った人を選んでください。**

そして、その人に5つの特性の概要を説明し、自分と初めて会ったときの印象を聞いてみてください。

ⓐ非常に低い ⓑ低い ⓒ低め ⓓ普通 ⓔ高め ⓕ高い ⓖ非常に高い

から選んでもらうと、測定しやすいですよ。

最後に、その人が出したあなたの分析結果を、次ページのチャートに○印で記入してください。

①明るさ・外向性	ⓐ	ⓑ	ⓒ	ⓓ	ⓔ	ⓕ	ⓖ
②自己主張力・支配性	ⓐ	ⓑ	ⓒ	ⓓ	ⓔ	ⓕ	ⓖ
③情感・協調性	ⓐ	ⓑ	ⓒ	ⓓ	ⓔ	ⓕ	ⓖ
④好奇心・開放性	ⓐ	ⓑ	ⓒ	ⓓ	ⓔ	ⓕ	ⓖ
⑤緊張・警戒心	ⓐ	ⓑ	ⓒ	ⓓ	ⓔ	ⓕ	ⓖ

2 次に、その人の分析結果とエクササイズ3で行った自分の自己評価を比較し、ギャップを特定してみてください。

Q どの特性に差がありましたか？　それは、なぜだと思いますか？

①明るさ・外向性	ⓓ 普通
②自己主張力・支配性	ⓔ 高め
③情感・協調性	ⓖ 非常に高い
④好奇心・開放性	ⓕ 高い
⑤緊張・警戒心	ⓖ 非常に高い

また、聞く人によって、このギャップが異なることが多いです。人の性格分析力や観察力には差があり、出会った環境などの性格以外の要素が働くこともあるので、まったく同じ結果が出る可能性は低いです。**一人にとどまらず、このエクササイズを複数の人に行ってもらうこともお勧めします。**矛盾している（相手や状況によって高低が変わる）特性や一貫する（相手や状況は関係なく、普遍性がない）特性を見出すことができます。

私の場合、最近会った知人に聞いたときには、上記のような結果が出ました。

比べてみると、特に「①明るさ・外向性」と「③情感・協調性」に関して、私が認識する自分（116ページ）と、知人が受けた自分の印象にギャップがありました。

今までにこのエクササイズをいろいろな人にやってもらいましたが、**内面的評価と外面的評価が完全に一致した人は１人もいませんでした**。

このギャップを確認することは重要です。

例えば、思っていた以上に、私は自分の感情を表に出しているのかもしれません。そこから、仕事で交渉をする際は、感情のコントロールに気をつけなければいけないという気づきに繋《つな》がりました。

さらに、昔ＣＩＡの面接官に言われたように、私はいまだに自分は外向的なつもりでも、表情や笑顔が硬く、そこまで明るい印象を与えていない可能性が高いという懸念もあります。新しいクライアントとの会食の際など、表情や声のトーンを気にして接したほうがよいのかもしれません。

あなたはどの特性にギャップがありましたか？
そのギャップを埋める必要はありますか？

また、仕事上、「見せたい自分」というのもあると思います。例えば営業のかただと、「①明るさ・外向性」と「③情感・協調性」を高く見せ、「⑤緊張・警戒心」を低く見せる必要があると思います。その「見せたい自分」と「実際の自分」、「人が見る自分」を比較し、ギャップを特定して埋める方法を考えることもお勧めします。

STEP 2 自分が商品だったら…と考える

このステップの目標は、**あなたの個性を徹底的に探り、アピールポイントを見つけること**です。

また、アピールしたい個性が、相手の立場に立ってみると果たして本当に効果的で相手の興味を引く個性なのかを確認します。
さらに、会話の中で自然にあなたの個性を紹介するための準備も行います。
そのために、まず次のことを考えてください。

Q **あなたと他人を区別するものは何ですか？**

どんなに些細《ささい》なことでもよいです。
趣味や学歴、職歴や旅行経験、見た目や服装など…、**少しでも「人とはここだけは違うな」と思う点について、考えてみてください。**

私の場合、あるきっかけをとおして、自分の個性について考えるようになりました。

アメリカの大学入試では、自分が他の出願者とどう違うのかを「エッセイ」でアピールします。エッセイとは、「自分を知ってもらい、入学したい熱意と、大学に何が貢献できるか」を伝えるための自己紹介文のことです。

私は、自分の成績のよさや高校でのクラブやスポーツ活動について書きました。できたものをスクールカウンセラーに見せたところ、**「これは、REINAにしか書けないエッセイじゃないよね」**と指摘されてしまいました。

◆◆◆

「自分にしか書けないエッセイ」とは何なのか？
カウンセラーのアドバイスをもとに、私は自分をクラスメイトや友だちと比較し、自分のユニークポイントを書き出してみました。

・日系アメリカ人で、幼稚園から高校2年生まで、平日は現地校、週末は日本人学校に通っていた。

・日本人とアメリカ人としてのアイデンティティの両方をもっているので、小さいころは自分が誰なのかわからず、「アイデンティティの危機」を感じていた。
・バレエ、ジャズダンス、バスケ、ピアノ、ギター、合唱団、演劇…、幅広く多様な趣味をもち、積極的に新しい体験にチャレンジした。
・老人ホームや障害児専門の保育園でボランティアをし、16歳のときにEMT（救急隊員）の資格をとって「人を助けること、人をケアすること」に集中した。

この洗い出しの作業により、自分を客観視することができました。そして、「自分が自慢したいこと」という一方的な視点から、何千人もの出願者のエッセイを読む大学側が必要とする「自分が人と違う点」という視点にシフトすることによって、「自分にしか書けないエッセイ」を書き上げることができました。

◆◆◆

大学卒業後も「自分のユニークポイントをアピールする」というスキルは、面接や仕事など、さまざまなシーンで非常に役立ちました。

例えば、ＦＢＩの面接を受けたころには、もうすでにハーバード大学院生でしたが、自分の学歴や成績をアピールしませんでした。トップ大学を卒業したＦＢＩへの出願者は山ほどいるからです。

なので、私は1人でイラクへ旅立ち、テロ組織の持続性について独自の研究を行ったことや、トルコやエジプト、モロッコを訪れて得た文化的知識について話しました。

これらの経験をとおして、「この人すごいな、頭いいな、仕事ができるな」と思われることよりも、「この人変わっているな、個性的だな」と思われるほうが相手に強く印象に残り、有利だと気づきました。

それでは、あなたの個性はどう見つければよいのでしょうか？

マーケティング用語で「ＵＳＰ（Unique Selling Proposition／Point）」という概念があります。他社にはない、商品やサービスの独自の強みや価値を伝えるメッセージのことです。顧客にとってＵＳＰが明確なほど、「買う理由」が確立されるのです。

商品やサービスだけではなく、「人」にもこのＵＳＰを設定することは大切だと思います。

もし、あなたが「商品」で、あなたが仲よくなりたいと思う人が「顧客」だとすると、あなたのＵＳＰは何ですか？

次のエクササイズ５〜７をとおして、一緒に見つけましょう。

エクササイズ5 — あなたのUSPを探す準備をしよう 1

「あなたの個性は何なのか？」といきなり聞かれても、答えに困りますよね。また、ただ単純に自分がユニークだと思う点を見出しても、本当にユニークなのか、人も興味をもつ情報なのか、わからないかもしれません。

商品やサービスのＵＳＰを定義するときに重要なのが、ターゲットとする

「顧客のリサーチ」と、**「競合やマーケットのリサーチ」**です。

まずは、顧客のリサーチから取りかかりましょう。

1 あなたが心をつかみたいと思う相手を想像してみてください。

実在する人でもよいですし、「大体こんな人かな」というイメージでもよいです。架空の人を想像する場合は、職業や趣味、出会いの場など、できるだけ細かく「理想の顧客」を思い描いてください。

2 次に、その顧客がほしいと思う情報について、考えてみてください。

①顧客にとって価値のある情報は何か？

②逆に、顧客にとって価値が低い情報は何か？

例えば、私はよくネットワーキングを目的に、グローバルビジネス交流会に参加するのですが、想像する理想の顧客像は「30代～40代のビジネスプロフェッショナル。業種や背景の異なる人との出会いを求め、新しい繋《つな》がりを探している」と分析しています。

　このタイプの顧客がほしがる情報は「さまざまな業界の最新情報、刺激になるような情報、自分のためになる新しい知識」です。

　さらに、自分からグローバルな交流会に参加する積極性と自主性を考慮すると、海外旅行情報や他国のビジネス情報などもヒットしそうです。

　逆に、この顧客にとって価値の低い情報は「浅く曖昧《あいまい》で、根拠のないビジネス情報、誰もが知っているありきたりな情報だと思います。


　顧客のリサーチがすんだら、引きつけたい相手の属する分野・興味のある分野（マーケット）を知るために、あなたと「競合」する相手を見つけることが重要です。あなたの「競合」について、次のエクササイズ6で考えていきましょう。

エクササイズ6

あなたのUSPを探す準備をしよう②

あなたの「競合」する相手は誰でしょうか？

著名人でもよいですし、あなたの周りにいる人でもかまいません。あなたが想像する間違いなく顧客の興味を引く人を思い浮かべてください。

Q **競合する人物が提供する価値は何ですか？　どんな情報を発信していますか？**

（　　　　　　　　　　）

私の場合、競合する人物はよく一緒にビジネス交流会に参加するTさんです。彼はアメリカ出身ですが日本語も堪能《たんのう》で、グローバルビジネスの経験も豊富です。

ＩＴ業界で働いているので、最先端の技術や大手ＩＴ企業で働いていたときの経験などについてよく話します。

◆◆◆

それでは、Tさんではなく、私だからこそ話せる情報は何なのか？

・アメリカで生まれ育った日本人　↓さまざまな違い（文化、仕事、教育、政治）について話せる。

・**SparkDojo**という英語コミュニケーショントレーニング事業を経営している　↓言語学習やコミュニケーションなどについて話せる。

・ベンチャー企業の取締役　↓起業やベンチャー経営について話せる。

・**CIA**や**FBI**の面接を受け、**INTERPOL**（国際刑事警察機構）での経験がある　↓テロやサイバーセキュリティについて話せる。

・大学時代の専攻が国際政治で、ビル・クリントン元大統領の事務所でイン

ターンをしていた　↓アメリカの政治や国際政治について話せる。
・30カ国以上訪れたことがある　↓海外旅行や異文化について話せる。
・10年以上バレエスクールに通っていて、アマチュアのボールルーム（社交）ダンサーとして大会に出場していた　↓ダンスについて話せる。
・SF映画が大好きで、死ぬ前に一度は宇宙に行きたい！　と思っている
↓宇宙ビジネスや宇宙に関連するトピックについて話せる。

このように、**あなたにしか話せない情報をリスト化してみてください**。
次のカテゴリー別に考えてみると、やりやすいかもしれません。

例 育ち／教育／仕事（業界、職種、仕事内容）／趣味趣向／特技やスキル／見た目や服装／価値観／願望や目標

Q あなたの「競合」する相手には提供できなくて、自分には提供できる

情報は何ですか？

最後に、「顧客」と「マーケット／競合」のリサーチを踏まえて、ＵＳＰを定義してみましょう。

ここでのキーポイントは、**理想の顧客がほしがっている価値の高い情報を、先ほどリストアップした「自分にしか提供できない情報」の中からピックアップすること**です。

エクササイズ7

あなたのユニークポイントを一緒に考えよう

私の場合のユニークポイントは、「言語学習」「テロ／サイバーセキュリティー」「海外旅行」「ベンチャー企業」がいちばんヒットするだろうと推測できます。さらに「アメリカ・国際政治」は、ビジネスや今後の日米関係という観点で話すと、価値が高いと予想できます。

一方、「アメリカと日本の違い」はありふれた情報ですし、アメリカでの海外赴任を検討している人でない限り、**聞いても「へー」と思うだけで特に利益にはなりません。**「ダンス」に関しては、ほとんどの人にとって親近感がなく、価値の低い情報です。「宇宙ビジネス」についても、最近ホットな話題ですが、専門ではないので浅い情報しか語れません。

このように考えると、私のUSPは「言語学習」「テロ／サイバーセキュリティー」「海外旅行」「ベンチャー起業」「アメリカ・国際政治」となります。

同じ手順で、あなたも自分のＵＳＰを洗い出してください。

Q

あなたのＵＳＰは何ですか？

STEP

3

自分の「USP」を「フック」に変える

あなたの**USPを洗い出したところで、次に重要なのがアピールの仕方です**。

人に自分のＵＳＰを伝えるときに、自分から全面的にアピールすると、引かれてしまったり、自慢に聞こえてしまうリスクがあります。

ですから、まずは「フック」を使って相手の興味を引きつつ、間接的に伝えたい情報を紹介することをお勧めします。「フック」とは、興味をもたせるための技法です。

私はハーバード大学院在学中に、この「フック」の有効性に気づきました。

◆◆◆

２０１１年、私はハーバード大学院に入学し、マサチューセッツ州のケンブリッジに引っ越しました。新学期が始まる前にキャンパスを散歩していたら、１年上の大学院生に話しかけれ、ランチをすることになりました。

キャンパスの近くにあるカフェでサンドイッチを食べながら、私はその学生と話していたら、いきなり彼女に「Have you dropped the H-bomb to your friends back home?（地元の友だちにH爆弾を落とした？）」と聞かれました。

「H-bomb…hydrogen bomb（水素爆弾）のこと？」

なぜ水素爆弾について聞かれているのか私はわからず、混乱した表情を見せると、彼女は笑い出し、説明してくれました。

ハーバード生の間には、「dropping the H-bomb」という表現が存在するのです。実は、この「H-bomb」の「H」はハーバードを意味していて、**「ハーバードに通っているという、爆弾のような衝撃ニュースを友だちに伝えたか？」**と彼女に聞かれていたのです。

なぜハーバードを爆弾に例えるのかというと、「ハーバードはすごい！」というイメージが非常に強いので、「ハーバードに通っている」と周りに言うと自慢しているように聞こえてしまったり、相手の期待値を上げてしまったりする可能性があるので、ハーバード生だということが言いにくいという心理が働くそうなのです。

ハーバード在学中に、私はこの「dropping the H-bomb」という、若干ネガティブなニュアンスをもつフレーズを何度も聞きました。アメリカ人らしくない謙虚《けんきょ》さと言いますか、周りの考えを気にする姿勢が非常に興味深く感じました。

◆◆◆

ハーバードに通っているということは、もちろん学生たちにとって重要なＵＳＰですし、プライドをもって相手にアピールすべきポイントです。

ただし、会話の途中でいきなり「ハーバード生なんです！」「ハーバード卒なんです！」と自分から切り出すと、自慢しているように思われる可能性があります。かといって、「どこの大学に通ってるの？」「何大卒なの？」と**聞かれるまで待つのも、せっかく価値のある情報なのにもったいない。**

そこで私は、クラスメイトの何人かに、ハーバード生だという情報を普段、人にどう伝えるか聞いてみました。ほとんどの人は自分からは言わずに、大学について聞かれたら「ボストンの近くにある大学」と答え、それでも「どの大学？」と聞かれたら、

「ハーバードと言う」と答えました。

そこまで濁《にご》す必要はないのにな…と思っていたら、面白い工夫をしているクラスメイトが1人いました。

彼女によると、「私はハーバード生だとアピールしたいときには、『今大学で、面白い心理学の研究をしてるんだけど…』と、**人の興味を引く話題を切り出す**。そこから研究の説明をして、『私の大学は学生の研究を応援してくれる、すごくいい大学なんだ』とつけ足す。10人中9人は『へー、どの大学？』と私に聞くから、そのときに私は『ハーバード』と答える。このほうが自然なんだよね」。

なるほど、と私は思いました。それなら、嫌味に聞こえないし、自分の言いたいこともきちんと言える。彼女は、自分の話したい「ハーバード」というキーワードを人から引き出してもらうために、「面白い心理学の研究」というフックを用意していたのです。

◆◆◆

改めて、大事なことをまとめますね。人に自分のＵＳＰを伝えるときには、自分から全面的にアピールするのではなく、まずは「フック」を使って相手の興味を引きつつ、間接的に伝えたい情報を紹介すると効果的です。

では、どうやってそのフックを見つけるのか？　フックには、次の要件を満たす必要があります。

- **ＵＳＰに話をもっていきやすい。**
- **もっと聞きたいと思わせる。**
- **ある程度簡潔に伝えらえる。**

例えば、私のＵＳＰは「テロ／サイバーセキュリティ」です。でも、いきなりこの話を始めるのも不自然ですよね。

なので、私の「フック」は、

「○○さんのキャリア、面白いですね！　私のキャリアもちょっと変わってるんですよ。実は昔テロ関係の仕事をしていて…」と相手の情報を認識しつつ、自分のＵＳＰの前ふりをします。

あるいは、質問から切り出したほうが雰囲気的によいと判断した場合は、

「今までいちばん面白かった仕事は何ですか？」と聞き、相手の答えを聞いてある程度盛り上がったら、自分のＵＳＰを紹介します。

そのほかに、時事ネタを使うこともあります。

「○○でテロ事件がありましたよね…。私、昔ＩＮＴＥＲＰＯＬでインターンとして働いていたんですけど…」といったように。

では、いよいよあなたの番です。次のページであなたの「フック」を見つけましょう。

エクササイズ8　効果的なフックを考えてみよう

Q　あなたのUSPの一つひとつに「フック」を用意してみてください。

TIP!　「ストーリー系」「質問系」など、いくつかパターンを準備しておくと、臨機応変にUSPを伝えることができます。

USP	フック

STEP 4

自分の「活きる環境」と「死ぬ環境」を把握する

このステップの目的は、**自分の魅力を最大限にアピールできる環境を探り、理解すること**です。

コミュニケーターにとって、「環境」は重要な要素の1つです。環境によって、人間が発揮できる能力は大幅に変わります。

1人でプレゼンを練習しているときは完璧なのに、人前に立った瞬間に緊張のあまり、パフォーマンスが急低下する…といったように、よくも悪くも人は環境によって、引き出される才能や能力に大きな差が生まれるのです。

人には必ず、「活きる環境」と「死ぬ環境」が存在します。

人によって「活きる環境」と「死ぬ環境」の違いは異なりますが、これらをもっていない人はいないと私は考えます。

◆◆◆

ロイター（現：トムソン・ロイター）で働いていたときに、私はとてもグローバルなチームに所属していました。チームのメンバーはインド人、トルコ人、パキスタン人、ウズベキスタン人、シンガポール人、ポーランド人…。それぞれ異なる文化背景や価値観をもっていて、コミュニケーションに苦労しました。

特に大変だったのが、定期的に行われたチームミーティングでした。ミーティングスタイルはかなり自由で、アジェンダ（議題）はあっても、必要であればその場で決定しなければならない事項を増やすこともでき、柔軟に進められるからこそ準備が難しかったのです。

さらに、私は新米でいちばん経験が浅く、他のメンバーたちのコミュニケーションスタイルや喋り方に慣れていませんでした。チームミーティングがあるたびに、**話についていくのが精一杯で、人の考えを変えたり動かすどころか、自分の考えをうまく発言することでさえもできませんでした。**

ある日、私は会議に遅れて参加しました。普段、私はテーブルの真ん中に近い席に座っていたのですが、この日は空いている席がテーブルの上座しかなかったので、そこに座りました。

そうしたら、驚くほど声を上げ、会議に参加することができたのです。

テーブルの真ん中の席は窮屈で、両サイドを人に挟まれているので圧迫感があります。さらに、会議中にPCで取るメモを隣の人に見られるのじゃないかと無意識に警戒していて、会議に100％集中できなかったのです（これも、私は「緊張・警戒心」が強いか

「活きる環境」と「死ぬ環境」

らなのでしょう）。

そして、真ん中の席からでは見えないメンバーもいたのが、上座に座ることによって全員の顔を見ることができて、発言するタイミングがよりつかみやすくなりました。

感覚的にも一歩下がって部屋全体を見ることができる気がして、心に余裕ができ、焦《あせ》らずに参加することができたのです。

この些《さ》細《さい》な出来事をとおして、人には「活きる環境」と「死ぬ環境」があるのだと気づき、これは人によってかなり違うのかもしれないことにも気づきました。

◆◆◆

ビジネス書などに、**会議でリーダーシップを取りたければ、真ん中に座るべきだ！と書かれているのを見かけたことが何回かありますが、私の場合、圧倒的に真ん中は、「死ぬ環境」**だったのです。

逆に、テーブル全体を見渡せる端の席は、私の「活きる環境」です。

今でも重要な会議のときは、できる限り端に座ることを心がけています。

人間の心理は複雑で、誰もが同じ環境を好むとは限りません。

また、環境には関係なく、どんなシチュエーションでもフルに自分のポテンシャルを発揮できる人は非常に少ないと思います。

だったら、自分が頻繁に遭遇《そうぐう》するさまざまなシーンにおいて、置かれた環境で何とか頑張るよりも、自分にとって最も有利な環境を意図的につくることによって、成功する確率を最大限に引き上げるほうが効率的です。

そのためには、自分の「活きる環境」と「死ぬ環境」をしっかりと把握する必要があります。

エクササイズ9 ― あなたの活きる環境を一緒に考えよう

まず、以下のシーンリストにおいて、次の質問に答えてください。

1 過去を振り返って、各シーンで「成功したな」「うまくいったな」と思える出来事を書き出してください。逆に「失敗したな」「よい体験じゃなかったな」と思える出来事も書き出してください。

シーン	成功／失敗	出来事
1対1での会話	成功	
	失敗	
会議やグループディスカッション	成功	
	失敗	
1対1での食事	成功	
	失敗	
グループでの食事	成功	
	失敗	
交流会	成功	
	失敗	
プレゼン	成功	
	失敗	
面接	成功	
	失敗	

シーン	「環境」の共通点や傾向
1対1での会話	
会議やグループディスカッション	
1対1での食事	
グループでの食事	
交流会	
プレゼン	
面接	

2 次に、「環境」という切り口を使って、これらの成功と失敗体験を分析し、共通点や傾向を見出してください。表の後にある考えるヒントとなるポイントを参照しながら書き込んでみてください。

考えるヒントとなるポイント

・会場や部屋の雰囲気、サイズ、明るさ
・立ち位置や席の位置
・他の人との距離感
・ドアやトイレなどの「出入口」へのアクセス
・時間帯、到着する時間
・知り合いがいるかどうか

例えば、私はよく参加するビジネス交流会について考えました。いくつかの成功体験を書き出し、共通点を「環境」に絞って模索してみると、次の傾向を見つけました。

・**バーの近く**は、ドリンクを注文したり支払いをする人などでよく混み、会話の妨げになることが多いので避ける。

・警戒心が強ので、部屋を見渡すことができ、**入口や出口を確認できる位置**にいると安心する。
・新しく人が部屋に入るたびに、どんな人が来たのかを確認したいのと、まだあまり混みあっていないうちに居心地のよい位置を確保したいので、**会場には早めに到着**する。
・周りがうるさいと疲れるので、**人があまりいない場所**を好む。
・たくさんの人に出会って話をしたいので、会話から抜け出しやすいように、**壁際には立たない**。
・誰か知っている人がいると、その人とばかり話してしまう恐れがあるので、**できるだけ知人と一緒に行かない**。

さらに、自分の性格特性（114〜118ページ）も考慮すると、自分の活きる環境を分析する際のヒントになるかもしれません。その際に、102〜105ページにある各特性の説明を参考にしてください。

例えば「明るさ・外向性」が高い人はエネルギー源が「人」なので、「部屋やテーブルの中心を好む／人に囲まれたい」というように。

逆に「明るさ・外向性」が低い人は、外的要因からあまり刺激を求めない傾向があるので、「部屋やテーブルの端を好む／グループよりも1対1の会話を好む」。

私のように「緊張・警戒心」が強い人は周りに敏感なので、「人に背中を向けるのが嫌／周りにどういう人がいるのか確認できる位置にいたい」。

一方、「緊張・警戒心」が低い人は距離感をあまり気にしないので「人が集まっている場所に行く／パーソナルスペースはあまり気にしない」。

114ページの自分の性格特性を考慮しながら考えてみてください。

そして、気づいた点を次の表に書き込んでください。

1対1での会話	活きる環境	
	死ぬ環境	
会議やグループディスカッション	活きる環境	
	死ぬ環境	
1対1での食事	活きる環境	
	死ぬ環境	
グループでの食事	活きる環境	
	死ぬ環境	
交流会	活きる環境	
	死ぬ環境	
プレゼン	活きる環境	
	死ぬ環境	
面接	活きる環境	
	死ぬ環境	

さて、あなたの「活きる環境」を定義できましたか？

やってみたけどわからない…と感じる人は、これから活きる環境を特定するためのデータを収集してください。

自分が頻繁に経験するコミュニケーションのシーンをリストアップし、その場に遭《そう》遇《ぐう》したら「環境」と「話しやすさ、コミュニケーションの取りやすさ」を意識して、メモを取るよう心がけてみてください。その際は、151ページの「考えるヒントとなるポイント」を参考にしてください。

お疲れさまです！　ここまできて、自分と向き合い、自分の魅力を確認することができましたか？　意外と簡単だったと思う人もいれば、エクササイズを行うのに苦労した人もいると思います。

あなたの魅力は、これからも進化し続けます。**この章のエクササイズは年に1回など、定期的に行うことをお勧めします**。人があなたに引かれるためには、まずはあなたがあなた自身を魅力的に感じる必要があります。常にあなたの個性や強みを見つけ出すことを意識してください。

第3章　まとめ

●自分の魅力を確認する方法（→p.96）

内面的自己認識力と外面的自己認識力を高める必要がある。

●注目すべき5つの性格特性（→p.101）

①明るさ・外向性②自己主張力・支配性
③情感・協調性④好奇心・開放性⑤緊張・警戒心

●自分の魅力を強化する4つのSTEP

STEP 1…「実際の自分」「人が見る自分」「人に見せたい自分」を分析し、ギャップを確認する。
（→p.117）

STEP 2…自分の個性を徹底的に探り、相手に価値のある情報をアピールする。
（→p.121）

STEP 3…自分の「USP」を「フック」に変える。
（→p.136）

STEP 4…自分の「活きる環境」と「死ぬ環境」を把握する。（→p.143）

第 4 章

「相手の魅力」を発掘し、関係を強化する

第2章、第3章では、主に「自分」を武器として、その武器の効果的な使い方について述べました。

この章では、対象が「相手」にシフトします。

自分に魅力があるように、もちろん話す相手にも魅力があります。

「魅力」は、相手の性格や価値観のほか、過去の経験や積み上げてきた知見を含みます。

相手の魅力は、自分目線ではないからこそ、見えにくい場合があります。相手が消極的なタイプだったり、自己アピールが苦手な人の場合、あなたがサポーター役となり、相手の魅力を引き出す必要があります。

引き出す際は、**「誰にでも魅力はある」という意識を常にもちましょう。**あなたをワクワクさせ、相手が誇りに思うような魅力を見つけたい、という強い意志が欠かせません。
意識を相手に向け、相手の「人を引きつける魅力」を見つけましょう。

キーワードは「オーセンティック」

人間は、輝いている人に引き寄せられます。
「魅力的だ」と感じる人には「繋《つな》がりたい」「話したい」という思いが自然とあふれてきます。このモチベーションがあなたの心にエンジンをかけ、相手との関係構築を強化します。

つまり、相手との繋がりを強めるためには、**心の底からその人と仲よくなりたいと思うことが必要なのです。これを、「オーセンティックになる」といいます。**

主に欧米で近年流行している「オーセンティック」という言葉は、「本物であるさま」を意味しています。これは何も隠さず、自分らしさをもちながら人と接することで、目標達成のための言動が、自分の本当の意志と一致している状態のことを指します。

例えば、対象とする人と「強い関係を構築したい」ということが目標なのであれば、あなたの発する言葉や取る行動と、その原動力となる意図が合致していなければいけません。

なぜなら、「自分の出世のために、この人と仲よくなろう」「ほしい情報があるから、この人の信頼を得て引き出そう」など、**意図が純粋な関係構築でない場合、間違った方向のアプローチを取ってしまいやすく、コミュニケーションがうまくいかない可能性が高まります**。

また、偽りや本音を隠していることが相手に見えてしまうリスクもあります。

まずは心の底から相手に興味をもつ。そして、関係性を構築するという目的と意図と、それに伴った言動が必要なのです。

◆◆◆

ここで私の失敗談を1つ。ハーバード大学院生時代に、テロの研究のためにトルコとイラクを訪れたときのことです。そこで、現地の政治家や活動家、そして実際にテロ組織のメンバーだった人にインタビューしました。

最初に行ったインタビューは最悪でした。アメリカ出身で、テロについて調査している大学院生だと聞くと、相手はあからさまに不信感を顔に出すのです。

質問をしても、短い答えしか返ってきません。そうでなくても、私が聞きたいと思う返答しかもらえませんでした。

そのことで悩んでいると、インタビューに通訳として参加してくれたイラク人の記者にアドバイスをもらいました。

「あなたは部外者なんだから、まずは相手とよい関係をつくるところから始めないと、あなたが求めているような情報は得られない」。

なるほど、と思いました。早速次のインタビューでは戦略を変えてみました。いきなりインタビューに突入するのではなく、フレンドリーな印象を与えるために相手を褒《ほ》めたり、軽く雑談をしてから、インタビュー用の質問に誘導するようにしました。しかし、これもまた大失敗。不信感はまったくほぐせず、むしろ増してしまい、以前よりも曖昧《あいまい》な答えしか返ってきませんでした。

どんよりとした気分でイラク人の記者にまた相談すると、彼は私にこう言いました。

「本当に相手と強い関係をつくりたいのであれば、いったん研究は忘れて、純粋に相手を知りたいと思わないと」。

この言葉で、私は自分の間違いに気づきました。私の**目標は「論文のための情報収集」**で、**意図は「この人から、教科書や先行研究から得られない、新しい情報を引き出したい」**というものでした。そのために、相手の不信感を解消することに必死で、無理にフレンドリーに接しようとして、心がこもっていないぎこちない雑談をし、中途半端に関係構築に挑んだのです。そこから強引にインタビューに進もうとしたので、私の**目標と意図が実際の言動と一致せず、その違和感が相手に伝わってしまった**のです。

つまり、私はオーセンティックに彼らに接していなかったのです。目的と意図が情報収集のままなのであれば、ストレートにそう伝え、雑談もせずにインタビューを始めればよかったのです。でも、関係性をまず構築する必要があるのであれば、目的と意図をそれに変え、相手との信頼関係を純粋に築くことを第一優先にするべきだったのです。

そこで、**目的を「相手と強い関係を構築し、信頼を得ること」にして、意図も「相手をより深く知りたい」に設定しなおしました**。論文づくりのための研究よりも、まずはインタビューする人たちの個性と魅力を探ることに専念したのです。

家族について、今までの経験について、趣味や人生の目標について、イラクの政治状況について、テロと戦う世界について。さまざまなパーソナルな質問を投げ、相手の価値観や信念を突き詰めました。

そうすると、氷が溶けるかのように相手は話してくれるようになりました。

1時間かかるはずだったインタビューが4時間になることもありましたが、まずは強い関係性を築くことに専念し、オーセンティックに振る舞うことで、相手の信頼を得ることができました。そこから、論文のための情報収集という目的に進むことができ、より深い情報を引き出すことができました。

◆◆◆

ＣＩＡを含め、私がそれまでの経験をとおして学んだのは**「相手の弱みや盲点を見つけ出し、利用する」**というコミュニケーションスタイルでした。

情報収集が目的であるＣＩＡのミッションのように、「特定の相手から情報を引き出す」といったものである場合、このスタイルは効果的かもしれません。でも、その場の短期的な関係構築が目的でない場合、誠意をもって相手と向き合う大切さに気づくことができました。

純粋に相手を知りたいと思い、相手の長所や個性を見つける努力をすることが、オーセンティックな人間関係構築だと思います。**相手の魅力を引き出すことができ、見つけた魅力を声に出して伝えてあげると、相手も気持ちよくなります。**「自分に興味をもってくれている」「自分のことを理解してくれている」と感じ、結果的に、あなたに対する信頼感が上がります。

あなたにとって、これはとても有利なこと。相手を純粋に人間として好きになり、より深い関係性を築く原動力となります。

✓ FBIから学んだ、人を観察するときのコツ

あなたのUSPを第3章で追求しましたが、今度は関係性を強めたいと思う相手を対象にして同じエクササイズを行います。

相手のプロフィールなど、事前に基本情報がある場合、ある程度その人の人となりについて仮説は立てられます。でも、実際に会話してみると、意外な長所や趣味、価

値観が見えてくることが多いですよね。

つまり、相手のUSPを見つけるには、

①相手の性格を分析し、仮説を立てる（事前に準備ができる場合）。
②会話をとおして相手の魅力となる情報を引き出す。

ことが必要です。

ここではまず、①の相手の性格分析から始めたいと思います。

人の魅力を引き出すには、まずはその人の性格を分析します。

そうすることによって、相手の言動の傾向や、最適なアプローチの仕方、相手に投げかける効果的な質問の仕方までを考えることができます。

相手を観察し、素早く性格を分析し、性格に関する仮説を立てる。これはスキルなので、鍛えていくことができます。

では、どのようにこのスキルを向上させればよいのでしょうか？

映画やテレビドラマのように、瞬時に相手をプロファイリング（推察）し、気持ちや考えていることを読み取ることは可能なのでしょうか？

◆◆◆

「一瞬で人を見抜くなんて、よほどの能力がない限り不可能だよ」。

ＦＢＩの上司、Ｄさんにそう言われたとき、私はショックを隠せませんでした。

30年以上ＦＢＩでキャリアを積み、アフガニスタンやイラクなどでもテロ対策任務を指揮していたベテランＦＢＩエージェントにそう言われると、かなりの説得力があります。

私がＤさんと一緒に働いたのは、２０１２年にワシントンＤＣにあるＩＮＴＥＲＰＯＬのアメリカ国家中央事務局でインターンとして働いていたときでした。私は希望したテロ対策部に配属され、ＤさんはＦＢＩからＩＮＴＥＲＰＯＬに派遣されていました。

Ｄさんは、**魔法のような訓練法はない上に、「素人が一瞬で人の心を読むなんて無理だ」**ときっぱり言ったのです。

私のがっかりした表情を見て、Ｄさんは「長年のトレーニングと試行錯誤をくり返さない限り、『一瞬』では不可能って言ってるんだ。でも、短時間でもしっかりと観察すれば、相手の傾向を読み、ある程度の仮説を立てることはできる」と優しくフォローしてくれました。

Ｄさんによると、人にアプローチするときに、いきなり話しかけるのではなく、少し離れたところから最低１～２分はその人が人と話している姿を観察すべきだそうです。ＦＢＩでも取り調べの際に、いきなり尋問《じんもん》を始めるのではなく、容疑者の様子を鏡越しに別室から確認し、表情や動作、クセなどを観察するそうです。

そして、Ｄさんは「行動分析学やボディランゲージの本はたくさん出版されているけど、テクニックを一つひとつ覚えていくよりも、**自分の勘を磨き、感覚的に観察力を鍛えたほうが早い**。観察→仮説の組立→検証→勘のアップデートをくり返せばよいんだ」と教えてくれました。

私はＤさんのアドバイスを実践しようと、早速ワシントンＤＣのあるバーで、人を観察してみることにしました。そのときに、注目したポイントが以下の５つです。

声の使い方…早口？　ゆっくりと話す？　音量は？　トーンは？

姿勢…話している人のほうに上半身と下半身を向けている？　リラックスしている？　緊張している？

表情…アイコンタクトはしっかりとる？　よく笑う？　表情は豊か？

手の使い方…手でよくジェスチャーをする？　手の動きのスピードは？

クセ…目立つクセや変わった動作は？

そしてDさんに教わったように、観察をもとにその人に関する「仮説」を組み立ててみました。

「この人はボディランゲージをよく使い、声も大きい。体もしっかりと相手を向いている　↓外向的で明るいタイプ、自分に自信がある人かな？」

「あの人はよく笑うけど、きょろきょろと周りを見ていて、人の話を聞いてなさそう。あまり話さず、髪の毛を触るクセがある　↓警戒心が強いけど、支配性は低そうだな」

このように、ちょっと離れて人を観察してみると、いろいろなものが見えてきて、仮説を立てることができます。何も相手の情報ベースがないままアプローチするよりも、**検証する仮説があることによって、何かしらのスタートラインが見える**のです。

観察力は、実践をくり返して鍛えることができます。次のエクササイズをとおして、人を観察してみましょう。

エクササイズ10　知らない人を観察してみよう

レストランやカフェ、バーなど、人が交流する場に行き、周りの人を観察してみてください。

このとき、「1人当たり1分間だけ観察する」がルールです。

注目すべき点は、**声の使い方・姿勢・表情・手の使い方・クセ**です。

確信がもてなくてもよいので、観察をとおし「この人は大体こういうタイプかな？」という、あなたなりの仮説を書き込んでみてください。

Q 観察した人の仮説は？

1分間で何が見えましたか？　何かしら仮説を立てることはできましたか？

短い時間でも、1人の人に意識を集中することは意外と難しいですよね。でも、何人か観察していくと、細かい相違点に気づくと思います。

仮説を検証できればベストなのですが、このエクササイズでは、まず**「観察すること」に慣れることが目的**です。仮説の検証については、193ページでカバーするので、ここではとにかく客観的に人を見ることに集中してチャレンジしてください。

豪華客船企画でＶＩＰの心をつかんだ方法

交流会や社外イベントなど、誰が来るのかわからない、初対面の人が多いシーンでは、アプローチする前に1～2分、相手の行動や傾向を観察し、仮説を立てることができます。

では、**「この人の心をつかみたい！」という、相手が誰なのかわかっている場合はどうしたらよいでしょうか？**　ターゲットが決まっているのであれば、事前に情報収集を行うことができます。

近頃、インターネットやＳＮＳが発達し、情報へのアクセスがより簡単になりました。これらのツールを使って、相手に関する情報を調べたり、相手を知っている人から情報を引き出し、事前にデータを集めることができるのです。

その人が何に興味をもっていて、どのような考えをもつ人なのか。Facebookで共有する記事やTwitterの投稿から推測することもできます。

◆◆◆

2017年にTV番組の企画で2カ月間、豪華客船に乗った私のミッションは「**豪華客船のVIPスイートルームに泊まる乗客をゼロから探し出し、仲よくなって部屋に招待されること**」でした。

ミッションを達成するために、私は何百人もの乗客を遠くから観察し、ボディランゲージや振る舞い方から仮説を立て、ターゲットとすべき人を絞りました。

アプローチしたい人が決まると、次に船の上で働くバーテンダーと仲よくなり、「あの人、誰？」と何気なく切り出すことで、ターゲットの名前をゲットしました。

名前がわかれば、ネットやSNSで検索できます。情報を最大限使い、その人の出身や趣味を事前にチェックし、相手のUSPを見つけ出す努力をしました。

さらに、その人がよく交流するバーテンダーやウェイトレスなどにも声をかけ、仕事や経歴についても聞き出しました。

情報は力です。精度の高いデータを集めることによって、相手にアプローチするための戦略や、盛り上がるトピック、触れないほうがよい話題などを事前に確認できます。

エクササイズ11　狙った人を観察してみよう

1 それでは、**実際にあなたが仲よくなりたいと思う、特定の人を思い浮かべてください。**

このエクササイズのために特定する人の条件は、次の3点です。

- **あなたが純粋に関係性を構築したいと思う人。**
- **話しかけたことがない（あいさつ程度はＯＫ）人。**
- **遠くから観察することができる人。**

仕事での接点がない、職場の上司や同僚などがよいかもしれません。

2 次に、**すでにもっている情報やその人を知る人、ＳＮＳやインターネットなどを使って、その人に関する情報を収集してください。**

そして、収集した情報の中から、相手のＵＳＰは何なのか、仮説でよいので書き出してみてください（次の、主なＵＳＰのカテゴリーを参考にしてくださいね）。

出身や育ち／教育や学歴／仕事／趣味や興味のある話題／特技やスキル

Q 相手のＵＳＰは何ですか？

3 さらに、相手を遠くから観察してみてください。注目すべき点は次の5点です。

声の使い方／姿勢／表情／手の使い方／クセ

前のエクササイズ10で行ったように、観察をとおして相手の性格に関する仮説を立ててください。

Q 相手の性格（仮説）は？

エクササイズをとおして、相手の魅力を特定できましたか？明確なＵＳＰが見つからなかった場合、考えられる理由は２つです。

①情報そのものが足りない。

②あなたの情報収集力が不足している。

①のように、どうしても情報が少なくて、ＵＳＰが見つけにくい場合は、後に会話をとおして魅力を引き出す方法をご紹介するのでご参照ください（199ページ）。

また、**このエクササイズは観察力と情報収集力を鍛えるものなので、情報がありそうな人を選び直し、もう一度行うこともお勧めします**。

②のように、あなたの情報収集力が不足していると感じる場合、**情報が多い著名人や有名人を選んで、エクササイズをやり直してみてください**。新聞、雑誌やインターネット記事を参照し、相手に関する情報の中から最も魅力的だと思うＵＳＰを書き出してください。

また、YouTubeなどを使って、トーク番組に出ているその人の姿を観察し、性格の仮説を立ててみてください。

分析した情報をデータベース化する

せっかく集めた貴重な情報なのに、忘れてしまったらもったいないですよね。ターゲットが増えるほど情報があふれかえり、整理するのが難しくなります。

そうならないよう、私は豪華客船のＴＶ企画では、Excelシートに狙っているターゲットの名前と情報を細かく管理し、それをもとに誰にいつ、どのようにアプローチするかを判断していました。

この豪華客船での企画の場合、私のターゲットはリタイア層が多く、キャリアや仕事の話よりも、過去の旅行経験や趣味の話のほうが盛り上がりました。

さらに、「家族」まで話を広げると、「息子がアメリカで働いている」「姪《めい》っ子がアメリカの大学に通っている」のように、「アメリカ」という接点がある可能性が高いことに気づき、家族情報も収集し、記録するようにしました。

このように、事前に集めた情報を整理し、いつでも見直せるようにデータベース化すれば、より効率的に準備できます。そして、実際にアプローチした後、会話をとおして引き出した情報を随時データベースに追加できます。

営業の人がよく管理する顧客データベースに似ていますね。もうすでに似たようなツールを使っている人もいるかもしれませんが、まだやってみたことのない人は、次のエクササイズをとおして一緒にデータベースをつくってみましょう。

エクササイズ12

観察結果をデータベース化してみよう

1 「もっと仲よくなりたいな」と思う人を何人かリストアップしてください。4～5人が目安です。

2 Excel や Google Sheets などのツールを使って、「列」にターゲットの名前を入力してください。

3 「行」にいくつか項目を入力します。

例
- **仮説**（観察をとおして立てた仮説）
- **仕事**（経歴、業界、職種など）
- **趣味趣向**（関心をもっていそうな話題、興味をもっているトピックなど）
- **その他メモ**（出身、学歴、自分の知り合いとの繋《つな》がり、その他価値のありそうな情報）

他に追加したい項目があれば、下側に行をどんどん自由に足していってください。

例

ターゲット	○○さん
仮説	落ち着いている。 ボディランゲージも控えめ。 内向的だけど、いつもニコニコしていて協調性は高そう。
仕事	IT コンサルタント。現在○○社、去年まで○○社。 (LinkedIN 情報)
趣味趣向	ウィスキーが好き。(Twitter 情報) 仮想通貨と AI ?ヘルスケアに興味をもっている。
その他メモ	北海道出身。 大学進学で上京。 ○○さんとも繋がっている(Facebook)

もちろん、PCを使いたくない人はノートに手書きでも大丈夫です。

4 フレームワークができたら、一人ひとりについて、情報収集と観察を行います。ネットやSNSを使ってもよいですし、今までその人について聞いた情報などを記入します。

どうですか？　情報を収集し、整理することによって、驚くような情報や新しい気づきはありましたか？

これからも、このデータベースにどんどんターゲットを追加し、情報をまとめて分析してみてください。

「仕事用データベース」「パーソナル用データベース」など、目的別に分けることもお勧めします。

相手の魅力を引き出す４つのテクニック

相手を事前に分析した後、次のステップは相手へのアプローチです。

会話をとおして性格をより深く確認しながら、相手の魅力を引き出します。

相手の魅力には2種類あります。

①相手が魅力的だと感じる相手自身の魅力
②あなたが魅力的だと感じる相手の魅力

もちろん、①と②が重複する場合もあります。

②はあなたが感じることなので、簡単に特定できますよね。あなたの興味を引く、ワクワクさせる相手の魅力です。

①を特定するには、**相手の表情や声、ボディランゲージに注目**してください。人の振舞い方には必ず「ベースライン」が存在します。

この「ベースライン」というのは、**その人特有の行動基準や動作パターン**です。具体的には、普段話しているときに使う仕草やアイコンタクトの量、姿勢や表情、声の使い方のことです。

ここで注意が一つあります。**人の振る舞い方は、感情の変化によってベースラインから離れます**。そのため、FBIのエージェントは、尋問している相手が嘘をついているかどうか見分けるために、まずは相手のベースラインを特定し、それに伴わない仕草や表情を相手が見せた場合、感性の変化があり、嘘をついている可能性が高いと判断します。

つまり、**相手が自分の話をしているときの振る舞い方の変化に注目**すると、相手がベースラインよりも興奮しているような行動をとった場合、その時に話している話題は相手が「話したい」と思うことなのです。それこそが、**相手が魅力的だと感じる相手自身の要素である可能性が高い**のです。

具体的には、次のような行動が現れる傾向があります。

・普段よりも目がキラキラしていて、アイコンタクトを多く取る。
・普段よりも笑顔を見せる。
・姿勢は前のめりで、手を普段より多く使う。
・声のトーンがあがり、口調も早くなる。

これらの点に注目し、**ベースラインの変化に敏感になることによって、その人自身が感じる「自分の魅力」を見出すことができます**。

◆◆◆

では、会話をとおして、具体的にどう相手の魅力を引き出すのか?

ここで、第3章であなたのUSPを整理するときに使ったカテゴリー(132ページ)を、相手の魅力分析にも使いましょう。

頭の中に次のカテゴリーを並べ、一つひとつ情報を埋めていくための質問を相手に問いかけます。

育ち／教育／仕事（業界、職種、仕事内容）／趣味趣向／特技やスキル／見た目や服装／価値観／願望や目標

魅力を引き出す質問例

育ち

Q　ご出身はどちらですか？

Q　ご兄弟はいらっしゃいますか？

Q　幼少期のいちばんの思い出は何ですか？

教育

Q　大学では何を勉強されていたのですか？

Q　学生時代、いちばん楽しかったことは何ですか？

Q　学生時代、スポーツやクラブ活動などされていましたか？

仕事（業界、職種、仕事内容）

Q　お仕事は何をされているのですか？

Q　なぜそのお仕事に就こうと思われたのですか？

Q　今のお仕事の何がいちばん大変ですか？

趣味趣向

Q　お休みの日は何をされているのですか？

Q　最近、新しい趣味を何か始められましたか？

Q　最近、興味のあることは何ですか？

特技やスキル

Q　今まで長く続けてこられたことは何ですか？

Q　何か資格を取ろうと思うのですが、お勧めはありますか？

見た目や服装

Q　その○○、素敵ですね。普段どこでお買い物をされているのですか？

Q　その○○、カッコイイですね。思い入れやこだわりがおありなんですか？

価値観

Q　最近○○が話題ですが、○○について、どう思われますか？

Q　仕事をする上で譲れないものは何ですか？

Q　人生でいちばん大切なことは何ですか？

願望や目標

Q　人生、キャリアの目標は何ですか？

Q　今年の抱負は何ですか？

Q　今、何に向けていちばん頑張っていらっしゃいますか？

相手の魅力を引き出す質問の仕方には、いくつかテクニックがあります。

効果的な質問の聞き方について、より深く知りたい場合は、後に紹介するテクニックを参照してください（199ページ～）。

単に質問をし、相手がすんなりと答えてくれ、そのまま関係構築が進めばベストですよね。でも、残念ながら、そう簡単には進まない場合もあると思います。

- 相手が自己アピールが苦手で、なかなか情報を提供しない。
- 質問をしても話があまり広がらない。
- 質問の答えが返ってきても、深掘りできる関連質問を思いつかない。
- 相手の魅力を認識するために褒《ほ》めてみるが、お世辞に聞こえてしまう。

これらの場合、どうすればよいのでしょうか？

成功する確率を最大限に高めるためには、次にご紹介する4つのテクニックを使ってみてください。

TECHNIQUE 1 立てた仮説を検証する

まずは、事前に立てた相手の性格に関する仮説を検証する方法です。

第3章で自分の性格を分析するための5つの性格特性を紹介しました（102〜105ページ）が、これらをもとに、相手の性格をより深く探りさげて考えます。

ここで重要なのが、**事前に仮説を立てた場合、それに引っ張られないこと**です。

第2章で説明した**「確証バイアス」**（47ページ）について覚えているでしょうか？

これは仮説を検証する際に、それを支持する情報ばかりに目を向け、反証する情報を無視してしまう心理傾向のことでしたね。

それでは、仮説が間違っている可能性も考慮しつつ、客観性を保ちながら次ページの性格特性を検証してください。

各性格特性においては、いくつか検証ポイントがあります。当てはまるポイントが多ければ多いほど、その特性が高い傾向となります。

①明るさ・外向性

▼検証をするためにあなたが取るべきアクション

↓相手の目をしっかり見て、笑顔で話す。

■相手の検証ポイント

□話すときの声が大きい。
□ボディランゲージをよく使う。
□アイコンタクトをしっかりと取る。
□笑顔で話す。
□自分と話していて楽しそう。

②自己主張力・支配性

▼検証をするためにあなたが取るべきアクション

↓自分が詳しいトピックについて、積極的に話を進める。

■相手の検証ポイント

□新しい話題を切り出す。
□よく知らないトピックでも意見を主張する。
□躊躇《ちゅうちょ》なく会話に入ってくる。
□質問をした後、答えを聞いたすぐに後に話しはじめる。
□会話の中心的な存在を好む。

③情感・協調性

▼検証をするためにあなたが取るべきアクション

↓笑いや同情など、何かしらの感情を引き出すようなストーリーを話す。

例「先日、財布を落としてしまって…」「実は来月、結婚するんです」など

■相手の検証ポイント

□よくリアクションをとる。
□表情が豊か。
□協調するような言葉を発する（「私も」「ですよね」など）。
□話をさえぎらない。
□声のトーンが高め。

④好奇心・開放性

▼検証をするためにあなたが取るべきアクション

↓相手が知らなさそうな話題やトピックを切り出す。

例「この前トルコに海外旅行に行ったんです」「ボストン・ダイナミクスというロボット研究開発企業、聞いたことありますか？」など

■相手の検証ポイント

□アイコンタクトを取り、よく頷《うなず》く。
□よく質問をし、話題を広げる。
□自分と関係のない話でも興味をもつ。
□想像できない世界でも、理解しようとする姿勢を取る。
□発言する量が減ったり、話題を変えようとしない。

⑤緊張・警戒心

▼検証をするためにあなたが取るべきアクション

↓プライベートな質問を聞く。

例「何をしているときがいちばん楽しいですか?」「なぜこの仕事を選んだのですか?」など

■相手の検証ポイント

□目線をそらす。
□一歩下がるなど、距離を置く。
□答えを濁《にご》す。
□質問を率直に答えるが詳細に欠けている。
□話題を変えたり、答えた後にすぐ次の質問を聞く。

相手の性格特性を知ることによって、質問の仕方や情報の引き出し方を変えることができます。

例えば、「協調性が高く、外向性が低い人」は相手に話を合わせ、聞き手に回る可能性が高いです。このタイプは、相手が質問をした場合、端的に答えるので、すぐに同じ質問を違う言い方でしたり、別の質問を投げることが効果的です。

一方、「支配性が高く、警戒心が強い人」には会話のテンポと流れを意識し、できるだけ合わせてあげましょう。質問をしたら、完全に答えてくれない可能性が高いので、同じ質問を違う表現を使ってくり返すか、関連する質問を聞きながら徐々に情報を引き出します。

また、相手の表情やボディランゲージをよく見て、少しでも気まずそうな仕草を取ったら、一度引いてコントロールの主導権を相手に返してあげましょう。

TECHNIQUE 2 質問力は「武器」と理解する

質問にはいろいろな種類があり、**質問の並べ方によって引き出せる情報の具体性や正確性も変わります**。この質問力を鍛えることによって、自分がほしいと思うより多くの情報と、より深い情報を得ることができます。

私は質問をする際に、必ず次の5つのルールを守ります。

RULE 1 …質問はシンプルで単刀直入に

曖昧《あいまい》な質問には、曖昧な答えしか返ってきません。

日本語は曖昧な言語だとよく言われています。でも、どんな言語にも曖昧な表現は存在します。「○○かもしれない」「○○じゃないですか」など、断定を避けて保険をかける話し方は言語自体が曖昧なのではなく、**その使い手が「礼儀」や「リスク回避」などの理由で曖昧になるケースが多いのだと私は思います。**

相手から情報を引き出したいと思うときに曖昧な質問をしてしまうと、その分あなたの求めている答えが返ってくる可能性が下がります。また、相手も答えづらいと感じてしまい、結果、あなたは話しにくい人だと印象づけてしまう恐れもあります。

なので、質問はできるだけシンプルに、曖昧な表現を抜いて聞きましょう。補足情報が必要な場合は、まずは質問をして、その後に補足することをお勧めします。

補足情報が先に来て、**質問が最後になってしまうと、相手に考える時間を与えられ**

ないからです。また、補足情報に引っ張られてしまい、質問の解釈がずれてしまう可能性があります。

よくない例　「Facebookを見ていると、海外での写真をよく拝見するので、お忙しそうだなぁと感じていました。**海外出張は結構多いのですか？**」

相手は聞きながら、「忙しいのかと聞かれているのか？」「結構って誰の基準？」などの疑問をもつ可能性があります。次のように直しましょう。

よい例　「**年に何回、海外出張に行かれるんですか？**　Facebookでよく海外での写真を拝見するので、気になりました」

なお、このルールには２つの例外があります。

① 質問を聞きやすくするために、自分の答えをまず先に伝え質問をする場合

よい例 「私は東京出身なんです。○○さんのご出身はどこですか？」

② 曖昧《あいまい》な質問をとおして相手を「探る」という目的がある場合

あえて漠然とした質問を投げかけ、相手の答え方をとおして性格やコミュニケーションスタイルを分析するのです。特に何も知らない相手には、「趣味は何ですか？」など意図的に曖昧な質問をし、返ってくる答えの具体性をもとに、相手は自分からどんどん情報を提供する人なのか、逆に具体的な質問でないと答えない人なのかを分析することができます。

RULE 2 …質問は1つずつ

1つの質問文で2つ、もしくはそれ以上の内容を問うことを**「ダブルバーレル質問」**や「複合質問」といいます。「ダブルバーレル」とは、英語で「二連発銃」を意味していて、2つの弾丸が同時に発射されるため、二重の目的をもつ表現として使われます。

同時に２つ以上の事柄を尋ねる**「ダブルバーレル質問」をしてしまうと、相手はどの問いに答えればよいのかわからず、混乱してしまう恐れがあります。**両方の問いに曖昧に答えるか、どちらかの問いに答えるか、もしくはどちらにも答えることができないこともあります。

例えば、

「このイベントで、ほかに誰に会ってどんな話をしましたか？」

これはダブルバーレル質問です。

正確で具体的な情報を得るために、まずは一つの問いに絞って質問をします。

「このイベントで、ほかに誰に会いましたか？」

↓「そうなんですね。〇〇さんとは何を話したんですか？」

さらに、よくみられる質問が、

「最近どうですか、忙しいですか？」

です。一見シンプルですが、表現が曖昧《あいまい》でダブルバーレル質問でもあります。１つ目の「最近どうですか？」は漠然とした質問で、体調についてなのか、仕事についてなのか、質問の意図がよくわかりません。

２つ目の質問「忙しいですか？」は、恐らく仕事に関する質問と推測できても、初めに来た「最近どう？」とは若干答え方が違います。

・**最近どうですか？**　↓最近ジムに通い始めて、体調が良好。

・**忙しいですか？**　↓仕事は安定しているが、子どもが先月生まれたので忙しい。

ＲＵＬＥ１とＲＵＬＥ２を両方取り入れて、質問を変えてみましょう。

「今週、お仕事は忙しかったですか？」

尋ねる内容は１つに絞り、期間も具体化することによって、より答えやすい質問になります。

RULE3 …1つのテーマをできるだけ深堀りする

次の会話を読み、Ａさんが相手の趣味を探るために聞く質問について、考えてみてください。

Ａ「最近ハマっている趣味は何ですか？」
Ｂ「うーん…。最近だと、料理ですかね」
Ａ「そうなんですね。得意料理はあるんですか？」
Ｂ「得意と言えるほどでもないんですけど…、パスタは割と簡単にできるんで、よくつくってます」
Ａ「パスタ、美味しいですよね。普段どんなパスタをつくるんですか？」

Ｂさんの趣味を探るシンプルな会話ですが、残念なことにＡさんは自ら会話の幅を狭めてしまっています。なぜかというと、**1つのテーマに対して、完全な答えを得**

る前に、次のテーマに進んでしまうからです。

「最近の趣味」という質問に、相手は「料理」と答えています。

でも、ほかにも趣味はあるかもしれません。「料理」よりも広がりの可能性がある趣味が、本当はあるのかもしれません。

では、違う会話のパターンを考えてみましょう。

Ａ「最近ハマっている趣味は何ですか？」

Ｂ「うーん…。最近だと、料理ですかね」

Ａ「そうなんですね、私もよく料理します。**ほかに何か新しく始めたものはありますか？**」

Ｂ「そうですね…。あ、１カ月くらい前からジムに通い始めました」

Ａ「料理とジムって健康的ですね！　逆に、最近ではなく、**前からずっと続けている趣味はありますか？**」

B「読書ですかね。学生のころから本を読むことが好きだったんで、今でも月に2、3冊は読んでいます」

「趣味は何ですか?」という質問を、表現を少し変えながら聞き続けることによって、そのテーマのより完全な答えを得ることができます。

ここから、「料理」「ジム」「読書」のうち、どれを深堀りしたいかAさんは選ぶことができます。さらに、1つを掘りきったら、他の趣味についても聞くことができます。

焦って最初に引き出した情報に飛びつくのではなく、余裕をもち、まずはできる限り1つのトピックに対してすべての情報を引き出してから、会話の進め方を選ぶのがよいのです。

RULE4 …特定の情報を引き出したい場合、「フレーミング」を使う

答えの枠組みを相手に先に伝えることを「フレーミング」といいます。

この手法は、特定の情報を引き出したい場合、あるいは曖昧なトピックを答えやすくしたい場合に使います。

効果的なフレーミングは、

- **言葉の定義を説明する。**
- **質問の意図を説明する。**
- **自分やほかの例を共有する。**

次の方法で行うことができます。

例えば、「今の仕事、好きですか？」という曖昧な質問をフレーミングする場合、

例 **（言葉の定義を説明する）**「〇〇さんは今のお仕事、好きですか？『仕事が好き』と言える人って、自分の成長を実感できていて、仕事に対するモチベーションが高い人だと思うんです。〇〇さんの場合、今のお仕事は好きですか？」

例 **（質問の意図を説明する）**「〇〇さんは今のお仕事、好きですか？ 私、自分の仕事が好きではなく、転職を考えてるんです。でも、仕事を本当に『好き』と言える人ってどれくらいいるんだろうと思っていて。できるだけ多くの人に聞いて、好きな仕事を見つけるためのアドバイスをいただきたいんです。〇〇さんの場合、今のお仕事は好きですか？」

例 **（自分やほかの例を共有する）**「〇〇さんは今のお仕事、好きですか？ 私は今の仕事を好きと言えるまで、時間がかかりました。最初は何もかも新しく、残業ばかりでなぜ自分がこの仕事に就いたのか、わかりませんでした。でも、経験を重ねていくうちに、自分の役割と強みを知ることができて、仕事を楽しいと思えるよ

うになりました。○○さんの場合、今のお仕事は好きですか？」

このように、**うまくフレーミングをしてあげることで、相手に答え方の方向性を示すことができます**。このとき、まずは「質問を単刀直入に聞く　↓フレーミングする　↓また質問を聞きなおす」という手順をお勧めします。

結果、相手は質問が答えやすくなり、あなたも自分が求めている情報を引き出せる確率が高くなります。

RULE5 …情報を確認したい場合、「サマリー」を使う

聞いた情報を簡潔にまとめることを「サマリー」といいます。

相手が提供した情報の理解にズレがないか確認したい場合に、相手の答えをまとめ、最後に「あってますか？」と確認します。

また、サマリーを言うことは、他にも効果があります。

- **相手に答えを再検討してもらい、必要であれば変更するチャンスを与える。**
- **相手に「聞いていたよ」と証明し、信頼感を高め、聞き上手な印象を与える。**

例えば、次のような会話の場合…、

A「Bさんはなぜ○○社に入社されたんですか？」

B「以前、大手日系企業で働いていて、大きな会社は自分には向いてないなと感じたんです。あとは、大学生のときにオーストラリアに留学してたんですが、前の会社では英語を使う機会がほとんどなくて。今の会社はベンチャーで、大手と比べてしまうと経営はもちろん安定していないけど、海外展開も視野に入れているし、今後海外で働けるチャンスがありそうなんで。あと、小さいチームのほうが意思決定が速くて、自分の仕事スタイルに合っていると感じたんです」

A「**なるほど。Bさんは小さいチームで働くほうが自分に合ってると感じ、今後海外赴任の可能性もありそうなので、○○社に入社されたんですね？**」**（サマリー）**

B「そうですね。あ、でも海外赴任はそこまで興味がないかな…。とにかく英語を

使いたいっていう思いのほうが強いかもしれないです」**（答えの確認・変更）**

これらのルールを使うことによって、より戦略的に情報を相手から引き出せます。質問力は「武器」です。相手のことを知りたいと思っていても、武器を使い慣れていなければ、思うように相手の魅力を引き出せません。

普段からも、質問をする際のこの５つのルールを意識し、コミュニケーションをとってみてください。

TECHNIQUE 3
相手に「私の理解者」として認識される

相手の魅力を見つけた後、その魅力を声に出して相手に伝えましょう。

多くの人は「認められること」や「理解してもらうこと」を望んでいます。

相手の強みや個性を認知することによって、相手はあなたを「私の理解者」として認識します。さらに、相手の自信も上がり、**うれしい気持ちとあなたを関連づけます。**

そして、次にあなたに会うとき、そのうれしい気持ちを思い出します。

「褒《ほ》める」という行為はとてもパワフルです。生理学研究所の研究チームが２００８年に発表した研究結果によると、**他人に褒められた（認められた、評価された）ときに活性化する脳の部分は、報酬としてお金をもらったときに活性化する部分と同じ**だということが判明しました。

実際に、脳の活動がどの部位で起きたかを画像化するｆＭＲＩを使って脳の反応を検証し、「褒め言葉」を受け取ったときと「現金」を受け取ったとき、どちらの状況でも「線条体《せんじょうたい》」と呼ばれる部位が活性化されたのです。

そこで、**相手が気持ちよくなり、本気で喜ぶ褒め方をするためのポイント**をご紹介します。

POINT 1 …褒《ほ》めやすい環境をつくる

相手の性格特性によって、褒め言葉をかけやすく、相手が受け止めやすい環境は異なります。

TIP! 特に注意が必要な性格特性

「明るさ・外向性」が高い人　↓人前で褒めたほうが効果的です。他の人も引っぱられるように褒め言葉を相手にかけるので、そのぶん喜びも高まります。

「明るさ・外向性」が低い人　↓できるだけ1対1のときに褒めましょう。

「自己主張力・支配性」が高い人　↓褒めるタイミングを待っても来ない可能性があります。相手の魅力を見つけたら、タイミングを気にせずすぐさま褒めてください。「そんなことないですよ」と流されてしまう恐れがあるので、会話のテンポをコントロールし、流されないよう何回かくり返すことも効果的です。

「情感・協調性」が高い人　↓タイミングを気にする必要はないですが、褒め言葉を返してくれる可能性が高いです。その際に、褒められた内容を否定せず、気持ちよく受け取ってください。

「情感・協調性」が低い人　↓いきなり褒め言葉をかけると驚いてしまう可能性があります。最初は軽めの褒め言葉でリアクションを観察してみてください。さらに、このタイプの人は感情を表に出さない傾向が強いので、うれしそうな表情を見せなくても、内心は喜んでいる可能性が高いです。

「緊張・警戒心」が強い人　↓必ず1対1のときに褒めましょう。さらに、ある程度話し合い、相手をよく知ることができてから褒めてください。会話の早い段階で褒めてしまうと、意図を疑われ警戒されてしまう可能性があります。

POINT 2 …持ち物よりも、相手自身を褒める

あなたのゴールは「相手の魅力を認知していることを本人に伝えること」です。なので、相手の持ち物や服装など、見た目を褒めるのではなく、褒める対象は必ず相手自身にすることを意識してください。

例えば、

「そのシャツ、素敵ですね」

ではなく、

「○○さんのファッションセンス、素敵です。そのシャツもとても似合ってます」

「○○さんのプレゼン、すごくよかったです」

ではなく、

「○○さんのプレゼン力に圧倒されました」

見た目ではなく、中身を褒《ほ》めてあげられるよう、練習しましょう。

POINT 3 …できるだけ具体的に褒める

「面白いですよね」や「努力家ですね」と褒められても、具体性がないと中身のないお世辞だと思われる可能性があります。

なぜそう思うのか、具体的なエピソードなどを交えて話すと、その人にしか言えない褒め言葉になります。また、結果だけではなく、その結果を引き起こした相手の「行動」を褒めることも効果的です。

例「〇〇さんは仕事と勉強を両立されていて、先日も資格試験に合格されたんですよね。お忙しくても自分の成長にコミットされていて、尊敬します」

POINT4 …うまく褒めようと意識しすぎない

アメリカで行われた研究で、**「ほとんどの褒め言葉は同じような言葉を使う」**という興味深い結果が出ています。

研究者が1000種類以上のよく使われる褒め言葉を調査した結果、3分の2は「nice」「good」「pretty」「great」「beautiful」のいずれかを使っていました。また、「be動詞」を使っていない褒め言葉のうち、9割以上は動詞に「like」もしくは「love」を使っていました。

無理してユニークで印象に残るような褒め方をすることよりも、あなたにとって純粋で自然な言葉で伝えることが大切です。あまりにもうまく褒めることを意識してしまうと、緊張してしまったり、ぎこちない口調になってしまいます。本意を疑われないよう、**「すごい」「素敵」「さすが」などの典型的な言葉でもよいので、その場面での純粋な気持ちを伝えましょう。**

POINT 5 …反応に困らない褒《ほ》め方をする

褒められることが嫌いではないけれど、褒められたらどう反応すればよいのかわからない人もいると思います。また、褒め言葉に慣れていなくて、恥ずかしくなってしまう人もいます。

警戒心が強い人や外向性が低い人など、褒められることが苦手そうな気配がする相手には、次の2つの対策法があります。

①褒めたらすぐ質問をする

褒めた直後に、相手がリアクションに困らないように質問をします。そうすることによって、相手は褒め言葉に答えるプレッシャーからのがれられ、次に何を話せばよいのかが明確になります。

例
「○○さん、センスいいですよね。そのスーツ、どこで買ったんですか？」
「先日のグローバル会議で、○○さんの発言力はすごいなと感心しました。どうやって準備したんですか？」

②第三者をうまく利用する

もう1つの手は、第三者を利用して、間接的に相手を褒めることです。
相手と話している際に、知り合いの第三者を会話に招きます。相手を第三者に紹介しますが、その際に褒め言葉を盛り込むのです。

例
「このイベントで初めてお会いした○○さんです。○○さんはレストランを経営されていて、最近また新しいお店を都内でオープンされたそうです。しかも、オープンしてまだ間もないのに、すでにテレビや情報誌に紹介されてるんですよ。ビジネスセンス半端ないですよね！」

このように、相手の性格特性を踏まえて、相手に本気で喜んでもらえるよう褒めてください。**相手の魅力を声に出すことで、より深い関係性を築くことができます。**

TECHNIQUE

4 うまくいかないときは「ＷＨＹ？」を追求する

質問をしても、相手がなかなか答えてくれなかったり、自己アピールが下手な場合、まずは率直にあなたの意図を伝えることをお勧めします。

「○○さんのことをもっとよく知りたいです」

「○○さんのご経歴に興味津々です！　いろいろ質問してもよいですか？」

こんな感じで伝えてみましょう。率直に自分の意図を相手に伝えるということは、とてもパワフルなテクニックです。

コミュニケーションが難しくなるケースは、多くの場合、お互いの意図や意思が読

めないことで生まれます。そういった状況が互いに不安感や不信感を生んでしまうのです。

単刀直入に思いを伝えることによって、相手は「この人、自分に興味をもっているんだな」と、あなたの意図を確実に理解することができます。

また、「あなたと仲よくなりたいです」と言われて、嫌な気持ちになる人は少ないですが、警戒心が強い人は一歩引いてしまう可能性があります。

特に初対面の場合、あなたの意図が純粋なものなのか、その裏に隠れた別の狙いがあるのか、疑ってしまうリスクがあります。

そこで、警戒心が強そうな人には、あなたの意図や、仲よくなることによって得たい結果を明確に説明することをお勧めします。

この結果は、具体的であればあるほど効果的です。

例　「〇〇さんのご経歴、非常に魅力的だと思います！　もっと知りたいです」**（意図）**
「〇〇さんとは、今後も交流をとおして〇〇に関する情報交換をできればと思っ

ています」**（得たい結果）**

それでも警戒していそうな人に対しては、「会話の出口」があることを見せてあげると安心感を上げることができます。

例 「私、興味のある人には興奮して質問攻めしてしまうクセがあるので…。しつこいと感じたら気軽に言ってくださいね」

意図を率直に伝えることによって、相手もあなたの本意を確認できます。目標を2人で共有し合うことによって、自然と会話も目標達成の方向に導かれます。

さらに、**相手の魅力を引き出す際に、発言や考えの奥にある「なぜ」を追求することによって、難しい相手でもより深く知ることができます。**

・「半年前に、15年間働いていた会社を辞め、転職しました」。
・「最近、プログラミングの勉強を始めました」。
・「毎週末のサイクリングが唯一の楽しみなんです」。

これらの発言に「なぜ？」と聞き、より深い情報を引き出すと、その根拠にある相手の価値観や信念が見えてきます。

また、トヨタ式「5回のなぜ」のように、「なぜ？」と聞けば聞くほど、どんどん深く掘り下げることができます。質問を重ねるうちに、最初は見えなかったものを発見できるのです。

ただし、「なぜ？」や「なんで？」という言葉はかなり積極的に聞こえてしまい、聞き方や受け止め方によっては攻撃的にとらえられてしまいますので注意が必要です。

「なぜ」が強すぎると感じる場合、違う表現を使って「ＷＨＹ？」を追求できます。

①「なぜ」ではなく、「何」を使う

例「半年前に、15年間働いていた会社を辞め、転職しました」

↓「**何**が理由で転職を決意したのですか？」

②「もっと教えて」を使い、「なぜ」をやわらげる

例「最近、プログラミングの勉強を始めました」

↓「へー、**もっと教えてください！**　なぜプログラミングを始めたんですか？」

③主語を「あなた」から別のものに変える

例「毎週末のサイクリングが唯一の楽しみなんです」

↓「そうなんですね！　**サイクリングの**魅力は何ですか？」

「なぜ」を追求する習慣は、自分に対しても使うことができます。

自分の趣味や仕事、生活について何か質問を聞かれたときに、相手が「なぜ？」と

聞いても聞かなくても、その奥にある「なぜ」について心の中で問いかけ、相手に伝えるようにしてください。

例　「実は私、21歳のときにアメリカに留学したんです。**（なぜ？）**アメリカで英語を勉強したかったのと、子どものころから行ってみたい国だったので。**（なぜ？）**英語を喋《しゃべ》れるようになって、世界中に友だちをつくりたい！って若いころは思っていたんです。**（なぜ？）**世界はこんなに広いのに、日本だけに住んでいると、何だか損している気分だったんですよね」

このように、「なぜ？」を意識しながら話すことによって、あなたの魅力や価値観、考え方などを相手に伝えることができます。

◆◆◆

誰にでも魅力があると気づき、それを引き出すことができるようになると、会話が弾み、相手の笑顔を見られて、明るい気持ちになります。私は昔から、人の欠点や短所に目が行きがちでしたが、人の魅力に意識を向けるようになってから、純粋に人とのコミュニケーションを楽しめるようになりました。

相手の魅力を見つけることは、必ずしも簡単ではないですが、**練習と実践をとおして身につけられるスキル**です。日々の人との交流の中で、一人ひとりの魅力を見つけてみてください。

第4章　まとめ

●相手の魅力を引き出すために(→p.159)

「オーセンティック」になり、純粋に相手について知りたいと思う必要がある。

●相手の性格とUSPの仮説を立てる(→p.171、176)

事前に相手を観察し情報収集を行う。

●収集した情報は必ずデータベース化(→p.181)

その後得た情報も、随時データベースに追加する。

●会話をとおして相手の魅力を引き出すには(→p.185)

相手に質問を投げ、「ベースライン」の変化を観察する。

●相手の魅力を引き出す4つのテクニック

TECHNIQUE 1…事前に立てた仮説について、会話をとおして検証していく。(→p.193)

TECHNIQUE 2…質問力を上げる。(→p.199)

TECHNIQUE 3…相手の魅力を声に出し、相手を褒《ほ》めてあげる。(→p.212)

TECHNIQUE 4…率直に意図を伝え、情報を深堀りするために「WHY?」を追求する。(→p.220)

第5章

相手との「距離」を縮めて親密度アップ

これまでの第2章から第4章で、「第一印象」を強化し、「自分の魅力」をしっかり相手にアピールし、「相手の魅力」を最大限に引き出す方法を獲得できたと思います。

第5章では**相手との「距離」を縮め、親近感を高める必要性と、その具体的な方法についてご紹介します**。

日本ではよく、**「適度な距離感を保ちましょう」**と言いますよね。一般的に、日本では欧米より上下関係や年功序列が文化として根づいています。言語的にも敬語があるなど、人と距離を置く作法がたくさん存在します。

私はアメリカで生まれ育ったにもかかわらず、ＤＮＡが日本人だからか、子どものころから人と距離を保つのは上手でしたが、距離の詰め方は非常に苦手でした。でも、数々の経験をとおして、距離を置くことは冷たい印象を与えてしまったり、関係性を壊してしまう可能性があることを痛感し、それからはいろいろな人との交流をとおし、本書にご紹介している人との距離を埋める術を身につけていくことができました。

本章では、相手との距離を縮めるための効果的なテクニックを7つご紹介します。

7つのテクニックを手に、どんどん相手との距離を縮めていきましょう。

心の距離を縮める5つの要素

人間関係における「距離」とは、人がどれだけ相手に「近い」、もしくは「遠い」と感じるのかを指し、これは「心理的距離」といいます。

心理的距離を縮めるということは、**相手と自分がお互いに「親近感」をどれだけ感じるか**、ということです。

親近感とは、自分に「近い」と感じる人に対して抱く親しみの感情のことを指します。

似たような状況や境遇、同じ趣味や興味をもっている人には自然と親近感をもち、自分と相手の間にある距離が縮まります。

◆◆◆

あなたのゴールは、相手の中に自分への親近感を覚えさせ、心理的距離を縮めることです。そうすることによって、互いにポジティブな感情を抱くことができます。

一方、大きな距離感がある状態で関係構築に臨むような場合は、その分「第一印象」「自分の魅力」と「相手の魅力」をより高める必要があります。

それでは、**人と人との間にある「心理的距離」はどう決まるのか**？

これは、次の5つの要素によって決まります。

①性格や価値観の類似性

相手と性格特性や価値観が似ていると、**「自分と似ているな」と本能的に感じ**、自然と親近感が高まります。

例えば、私は「好奇心・開放性」が非常に高いので、たくさん質問をしてくれたり、新しいものに興味をもつ人には一気に親しみを感じます。

また、「仕事は熱心に」という価値観をもっているので、同じように仕事に対する情熱を感じる人にはすぐ引かれます。

②経験や背景の類似性

「出身学校が同じ」「同じ業界で働いていた」など、**過去の経験や背景に共通点がある**と、相手に親しみを感じます。

背景が完全に一致しなくても、何らかの過去の経験と結びつけることによって、経験の類似性を高めるスキルがあります。

例えば、相手の出身地が「北海道」だとすると、自分の出身地ではなくても、過去に北海道に旅行に行った経験などを結びつけることによって、距離を縮めることができるのです。

③趣味や興味の類似性

「同じブランドが好き」「同じようにランニングにハマっている」など、相手と自分の趣味や興味が同じだと、会話が弾むきっかけにもなり、より相手に親近感を覚えてもらえます。

趣味は楽しむものなので、ポジティブな感情が強く関連しています。ですから、趣味や興味が重なると、「自分と同じ感覚をもっている」と感じ、距離が縮まるのです。

④感情の類似性

相手の境遇や置かれている立場を理解し、共感してあげると、自分と相手の感情が一致し、深い親近感が生まれます。

「そうですよね」「わかります」などの言葉を聞くと、相手は「自分を理解してくれた、自分を受け入れてくれた」と感じます。また、相手の感情に共感することによって、自分も「相手を理解できた」という達成感を感じることができて、よりポジティブな感情が生まれます。

⑤接触機会や会う頻度

意識的に接触する回数を多くすればするほど、交流を深める機会が増え、親しみを感じやすくなります。

対面で会うことが難しくても、マメに連絡を取ることによって、接触回数を増やせます。また、イベントや食事が終わった後でも、メールやＬＩＮＥでフォローアップをすることによって接触回数を増やし、相手に一層近づくことができます。

これらの要素を考えながら接することによって、相手との「距離」を縮め、親近感を高めることができます。

狙った相手との距離を縮める７つのテクニック

最後に、「心理的距離」は主観的なものであり、客観的には測れません。また、自分が感じている距離と相手が感じている距離が、必ずしも一致していない場合もあります。

だからこそ、**人への近づき方にはコツが必要です。次は、相手との親近感をぐっと高め、心理的距離を縮める7つのテクニックをご紹介します。**

ポイントは、このテクニックすべてを使うことではありません。自分の状況や相手との関係性を踏まえて、効果が上がる可能性の高いテクニックを優先的に実践してください。

TECHNIQUE

1 相手とシンクロしてギャップを埋める

ＣＩＡの面接や試験で学んだテクニックの1つに、**「人に近づくにはその人になりきる」**というものがあります。

「相手になりきる」というのは、相手の立場に立ち、相手が見る世界を想像して感じ、相手の性格や価値観を真似ることです。相手とシンクロすればするほど、相手は無意識にあなたに親しみを感じるので、距離を縮めることができるのです。

出会って間もないのに直感的に「この人とは気が合うな」「波長が合うな」と思ったことはありませんか？

性格特性が似ていると、「自分と似ている」と確認でき、自然と親しみが増します。

バージニア大学のある研究では、８４４人の被験者が互いを好む度合いを調査し、性格特性パターンが似ている人たちほど好感をもち合うという結果が出ました。

これはなぜなのでしょうか？　諸説ありますが、**「潜在的エゴティズム」**が理由かもしれません。

◆◆◆

ニューヨーク州立大学バッファロー校の研究者のペルハム氏、ミレンバーグ氏とジョーンズ氏は、人が無意識に自分と似たものを好む傾向を「潜在的エゴティズム」と説明しました。

彼らによると、**人は一般的に自分に対して潜在的な肯定感を抱いていて、自分と関連しているものや類似性の高いものを好むようになる傾向がある**のです。

自分を心の底から嫌いな人は少ないと思います。もともと、自己にはポジティブな感情が存在するので、**自分と似たような性格特性をもつ人には自己が映って見え、好感を抱く**のです。

つまり、「潜在的エゴティズム」を利用し、相手の性格特性に合わせることによって、相互の性格のギャップを埋め、類似性を高めることができます。

そう考えると、ＣＩＡで教わった「人に近づくにはその人になりきる」は納得できますよね。

◆◆◆

では相手になりきるためには、具体的に何をすればよいのでしょうか?

それは、**相手との性格のギャップを考え、話し方や振る舞い方を相手に寄せること**です。このテクニックを裏づける心理学の理論が**「コミュニケーション・アコモデーション理論」**です。

「コミュニケーション・アコモデーション理論」とは、人は他人との距離を縮めるために、話し方や仕草、身振りなどを相手に合わせるよう調整して親近感を高めようとする傾向と、相手も自分に合わせてくれることを無意識に認知し、より親しみを感じるという傾向のことを指します。

この理論を使って、相手との性格特性のギャップを埋め、相手になりきることができます。距離を縮めたいと思う相手の性格を考慮し、話し方や振る舞い方を合わせてみてください。

真似をしやすいのは次の要素です。

- **声の大きさ**（力強い声なのか、静かに話すのか？）
- **声の高さ**（声のトーンは高めなのか、低いのか？）
- **話すスピード**（早口なのか、ゆっくり喋《しゃべ》るのか？）
- **間の取り方**（よく間を取るか取らないか、テンポはゆっくりなのか速いのか？）

・**仕草**（手や腕をよく使うか？　手でよくジェスチャーするのか？）
・**姿勢**（リラックスした姿勢か、しっかりと背筋を伸ばしているのか？）

例えば、外向的で好奇心が高い人は、恐らく話すスピードが速く、声も大きいです。また、ボディランゲージや表情が豊かな傾向があります。自分の外向性が高くなくても、できるだけ相手に合わせるのです。

逆に、外向性が低くて自己主張力・支配性が低い人は、おとなしく、話すペースもゆっくりで、声も小さい傾向があります。そんな人との距離を縮めるには、大きな声でアプローチせず、相手に合わせて落ち着いた雰囲気をつくることを意識しながら接してみてください。

TIP!　永遠に自分の「素」の性格や本当の話し方を隠し、相手と合わせることが目的ではありません。このテクニックは**最初に一気に心理的距離を縮める方法**です。相手との交流を重ねていくうちにあなたへの信頼度が高まっていくので、徐々に自分の性格を出していけばよいのです。

また、必ずしもあなたが相手に合わせる必要はありません。**ギャップを埋めるには、相手があなたに合わせるという方法もあるのです**。相手の「情感・協調性」が高い場合、相手があなたの性格に寄せる可能性が高いので、まずは相手の言動を観察してみてください。

TECHNIQUE 2 単純接触効果を使って親しみを高める

まったく興味のなかった商品だったのに、ＣＭや新聞広告などで何度も見かけていると、ある日店頭で見かけたとたん、思わず買ってしまった経験がある人は多いのではないでしょうか？

また、あまり会話をしたことがない同僚でも、毎日顔を合わせていると、何となく親近感を感じた経験はありませんか？

意識的に近づこうとしていなくても、見かける回数によって、親しみが生まれるなんて不思議ですよね。これは、**「単純接触効果（mere exposure effect）」**という心理作用が働いているからです。

このマーケティングや広告戦略によく用いられる単純接触効果とは、文字どおり人や物、音楽などの特定の「刺激」に何度もくり返し接することで、次第に好感度や親しみが高まる効果を指します。

見るたびにその刺激に関する情報処理が速くなり、処理効率が上がることによってその刺激への親近感が高まるのです。

この単純接触効果は、数多くの研究によって効果が認められています。

例として、ピッツバーグ大学の研究では、容姿が似ている4人の女性が、大学のある授業に学生になりすまして出席しました。女性によって出席した回数は異なり、他の学生たちが女性たちと交流することはありませんでした。

実験後、クラスの学生たちに4人の女性の写真を見せたところ、出席率がいちばん高かった女性に対する好感度が最も高かったのです。

◆◆◆

このように、**慣れている人には自然と親近感がわく**ので、単純接触効果を用いて、できるだけ相手との接触機会を増やすと心理的距離が縮みます。相手を積極的に食事やコーヒーに誘ったり、相手に会える可能性が高い行事や会議はできる限り参加しましょう。

ではさらに、**単純接触効果を有効的に使う方法を4つ紹介しましょう。**

①会う頻度が高まる口実をつくる

相手との接触回数を自然に増やせるようなきっかけを自らつくってみてください。例えば、月1回の勉強会や週1回のフットサルなどを企画し、自分が主催者になれば、自由に頻度や時間を変えることができます。

自分で、機会をつくることが難しい場合、すでにあるもので相手が興味のありそうなイベントや交流会に参加してみてください。何回か自分で参加してみて、相手にとってよさそうだと判断できたら、相手を誘ってみましょう。

②時間よりも回数を意識する

単純接触効果によると、**交流する時間の長さよりも、会う回数の頻度が重要**とされています。

個人的には、交流する時間もとても大切だと思いますが、それは時間の過ごし方や会話の質にもよります。

相手と1対1で3時間食事をし、深い話をたくさんできた場合、接触回数は関係なく、距離は縮まると思います。一方、3時間の食事でもほかに何人もの参加者がいて、相手と直接会話をする機会が少なかった場合、接触回数を増やすほうが効果があります。

③相手の視界に入る

距離を縮めたい相手との接触機会を増やすために、必ずしも会話をする必要はありません。**あいさつをしたり、相手の視野に入るだけでも効果はあります。**

例えば、相手のデスクの側を通るよう意識したり、相手が出社するタイミングを見計らって一緒にエレベーターに乗るなどを、心がけてみてください。

④SNSを活用する

相手と会わなくても、ＳＮＳを使って接触回数を増やせます。

相手の投稿をチェックし、「いいね」を押したりコメントを残すことによって、単純接触効果をオンラインでもうまく活用することができます。

また、相手のＳＮＳフィードに表示されるように、積極的に投稿をすることも効果的です。直接的な交流はないですが、相手はあなたの存在を認知し、投稿を見るたびにあなたのことを思い出します。この場合、相手がより興味をもちそうなコンテンツを投稿すると、効果はさらに上がります。

TIP! 単純接触効果は、すでに相手にとって、自分の印象が悪い場合は逆効果になってしまうので気をつけてください。現時点の評価が低いと、何度会ってもよほどのことがない限り、低評価を変えることは難しく、嫌悪感を募らせてしまいます。

つまり、**マイナスからスタートしないことが大前提**なのです。相手の感情が少しでもネガティブである可能性がある場合は、接触回数を増やすことはせず、他のテクニックに集中してください。

TECHNIQUE 3
INTERPOLで学んだ組織図マッピング

「〇〇さんと同じ部署なんですね！　大学の同級生なんです」

「Facebookの『共通の友だち』に〇〇さんが表示されるんですが、〇〇さんとはどこで出会ったんですか？」

このように、**共通の知り合いがいると、親近感がぐっとわきます**よね。

また、特に初対面の場合、まだお互いを探り合っている段階で、共通の知り合いがいることがわかると、**スポットライトが自分たちから第三者にシフトします**。すると、話せる話題が明確になり、会話が盛り上がる可能性が高くなるので、安心感も増します。

さらに、共通の知り合いがいることは、あなたの信用性と実績のアピールにもなるのです。「この人は交流関係が広く、自分の知り合いにも信頼されているんだな」と感じさせることができるのです。

でも、共通の知り合いが何人かいる場合、誰の名前を出すのがいちばん効果的なのでしょうか？

この場合は、相手と繋《つな》がっている人を洗い出して、その中から自分がいちばん仲がよく、情報をもっている人を特定し、選び出すという手段がよく使われると思います。

また、共通の知り合いの中から、自分がいちばんインパクトが強い（ネームバリューが高い）と感じる人の名前を出すことも、よくある手段ですよね。

しかし、**この2つのポイントの問題点は、どちらも軸が「自分」だということ**です。

相手の立場に立ち、相手が誰をいちばん信頼していて、いちばん強い関係を築いているのか、まったく考えていないのです。

◆◆◆

当たり前ですが、**誰の立場に立つかによって、見える世界やネットワークが違います**。私はＩＮＴＥＲＰＯＬのテロ対策部門でインターンをしているときに、このことについて学びました。

ＩＮＴＥＲＰＯＬでは、警察や軍事機関、諜報機関がよく使う**「ｉ２ソフトウェア」**を使っていました。このソフトは、人や組織に関する膨大な情報を視覚的に分析し、見えにくい繋がりや特徴、関係性などを特定できるツールです。

テロ対策部門では、このソフトを使ってあらゆる犯罪組織やテロ組織の組織図をマッピングし、トップにいる人物たちを特定するために情報収集・分析を行い、人と人の繋がりを調査します。

ｉ２ソフトウェアを使えば、全体の組織図を可視化することができます。また、同じ組織でも、組織図の定義や見る人の視点を変えると、その要件によってさまざまな組織図の形も見ることができるのです。

例えば、組織の中で、ランク的には下っ端のほうにいる人でも、その人の視点から組織図を見えるように再設定すると、その人が中心となる組織図の形を見ることができるのです。

もっと上のほうにいる人からすると、その下っ端の人は他の下っ端の人たちと区別がつかない場所に置かれています。しかし、その下っ端の人たちの間にも細かい上下関係や関係性の強弱があるのがわかります。

つまり、誰を中心とするかによって、見える組織図とその形がまったく違うのです。

このi2ソフトウェアの特徴を一般レベルに落とし込み、応用することができます。関係を深めたい人に対し、名前を出すのがいちばん効果的な「共通の知り合い」を特定するには、**相手を中心とした組織図（人物相関図）をマッピングすることをお勧めします。**

このテクニックは読むだけでは理解しにくいと思うので、次のエクササイズをとおして実際に組織図をマッピングしてみてください。

エクササイズ13

「組織図」をマッピングしてみよう

ターゲットにした相手が中心となる「組織図」をマッピングしたら、どのような形のものになるでしょう？ その方法を、次の手順で説明します。

STEP 1

まずは、相手を用紙の中心に書いてください。そして、相手の周りに、自分と相手の共通の知り合いの名前を書き込んでください。

家族だったり、上司や同僚だったり、幼少期から知っている親友だったり…。

まずはこれが第一段階です。

STEP 2

事前情報やＳＮＳなどの情報収集をとおして、**相手が信頼していると思う人ほど、相手の近くに描いてください**。事前情報が少なくても、仮説でもよいので、相手の立場に立ってみて、信頼の度合いを予測してみてください。

もちろん正確な信頼度はわかりませんが、次の要素を意識することで、ある程度の仮説が立てられます。

- **会う頻度（オフラインでの接触回数）**↓毎日会う人なのか？
- **SNSで交流する頻度（オンラインでの接触回数）**↓Facebook や LinkedIN などを見ていると、よくコメントをし合ったり、「いいね」しあったりしているか？
- **交流期間** ↓どれくらい前から知り合いなのか？
- **利害関係** ↓利害関係は存在するか？　利害は一致しているのか？
- **相手の性格価値観** ↓相手は仕事の話をよくするか、仕事に関する投稿をSNSによく載せているか？（その場合、仕事関係のつき合いを重視する傾向あり）家族やプライベートの話をよくするか？（その場合、家族や友人関係を大切にする傾向あり）

例

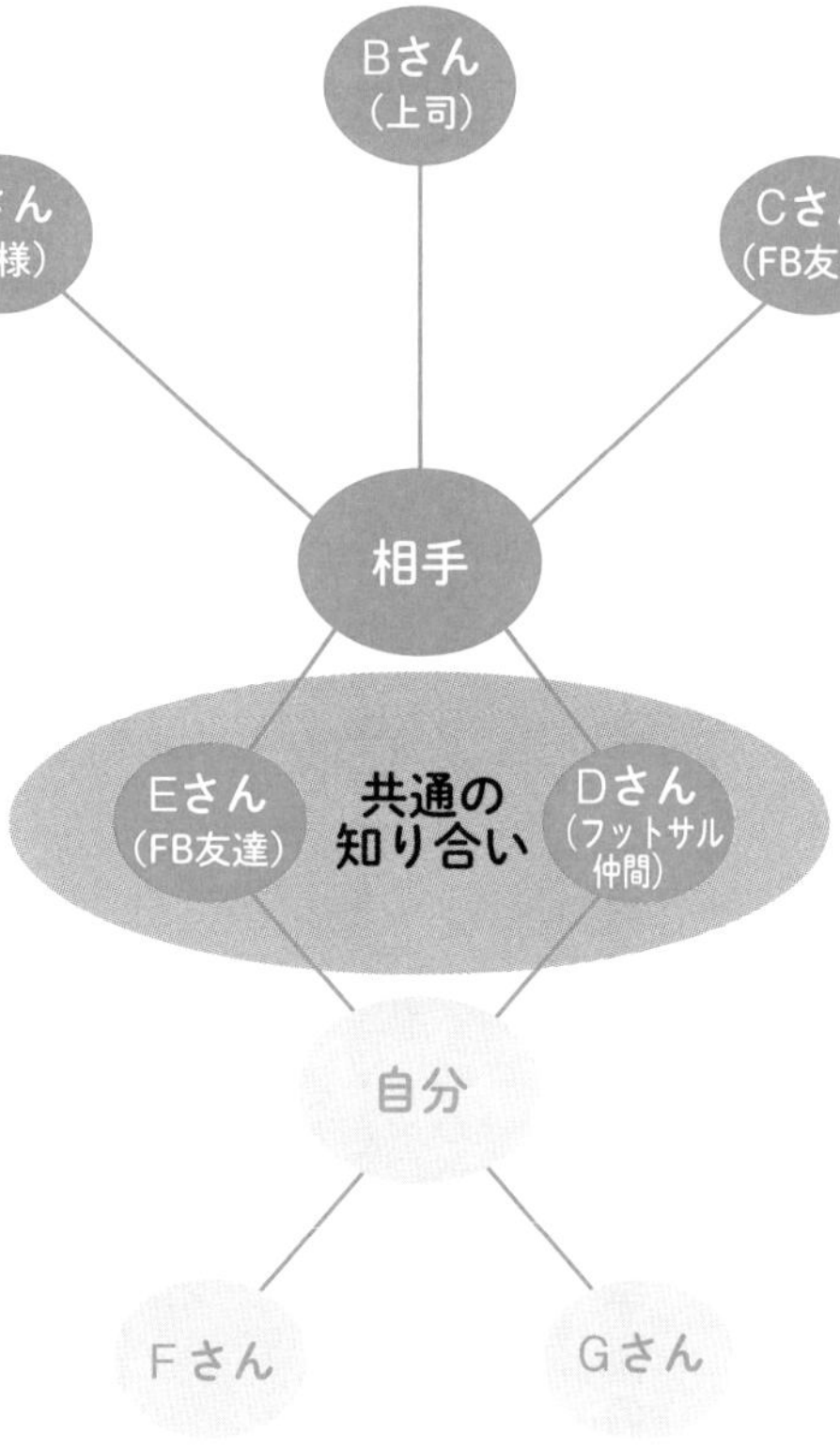
Bさん
（上司）
Aさん
（奥様）
Cさん
（FB友達）
相手
Eさん
（FB友達）
共通の
知り合い
Dさん
（フットサル
仲間）
自分
Fさん
Gさん

STEP 3 相手を中心とし、マッピングした組織図を見て、ここから「自分」の立場を考えます。

Q 組織図に描いた「共通の知り合い」と「自分」の交流はどれくらい深いか？

Q 自分と「共通の知り合い」との交流頻度はどれくらいか？

Q 「共通の知り合い」に関する情報をどれくらいもっているか？

これらのポイントを考えることによって、**相手との会話でまず誰の名前を出すと効果的なのか、戦略を立てることができます。**

組織図をマッピングすることによって、情報を可視化し、整理することができます。また、相手の立場に自分を置き、交流関係を分析することができます。

TIP! 共通の知り合いが思いつかない場合は、

①会話や交流をとおして、ゼロから組織図を埋めていく。
②率直に「共通の知り合い」について聞く。

①の場合、相手との会話の中で、相手が誰を信頼しているのかを探ることを意識しながら、仕事でのエピソードや、趣味や週末の過ごし方、交流関係について質問してください。

そして答えを聞き、相手が話すストーリーに出てくる「人」に注目し、その人たちについて深掘りし、引き出す情報から信頼関係を予測してみてください。

この情報をもとに組織図をつくり、その人たちと自分に接点があるか確認してください。

②の場合は、距離を縮める時間が限られている場合で、その場で相手に共

通の知り合いがいるかどうか確認することをお勧めします。

「○○さんとは同じ業界で働いていますし、誰か共通の知り合いがいそうですね？」のような言葉をきっかけに、「○○さん、知ってますか？」などと確認し合うことができます。ここで実際に共通の知り合いを見つけることができなくても、あなたの交流の広さをアピールすることができます。

TECHNIQUE

4 絶対に盛り上がる共通点を見つけるコツ

共通の話題や経験、趣味を見つけることによって話が弾み、距離が一気に縮まります。これはコミュニケーションの基本中の基本だと思います。

でも、特に初対面の人の場合、必ずしも共通点を見つけることができない場合があります。では、絶対に盛り上がる共通点を見つけるにはどうすればよいでしょうか？

共通点を見つけるコツは、とにかく「準備」をすること、これに尽きます。

この準備というのは、次の2点です。

- **訊《たず》ねる質問の準備**　↓質問のレパートリーをつくる。
- **話せる内容の準備**　↓共通する可能性が高いトピックについて、話せる内容を準備する。

それでは、この2つのステップを、もっと詳しく見ていきましょう。

STEP1…質問のレパートリーをつくる

質問のレパートリーとは、いつでも誰にでも使えるように用意している質問集のことです。**8～10問が目安**となります。

質問のレパートリーを事前に準備し、覚えておきます。そうすることによって、距離を縮めたい人と会ったときに、チェックリストのように質問することができます。

では、どのような質問をレパートリーに入れればよいのでしょうか？

これには、共通点を見つけやすいカテゴリーを整理し、質問をつくることができます。

出身地／仕事／趣味趣向／過去の経験

自分との共通点がいちばん多そうなカテゴリーから、レパートリーをつくってみてください。

例えば、私の質問レパートリーは次のものです。是非参考にしてください。

Q お仕事は何をされているのですか？
Q 勤務先はどちらですか？
Q ご出身はどちらですか？
Q 過去にどのようなお仕事をされていたのですか？

Q　最近始めた趣味はありますか？
Q　長い間続けている趣味はありますか？
Q　海外旅行はよく行かれますか？
Q　アメリカに行かれたことはありますか？
Q　大学では何を勉強されていたのですか？
Q　最近興味をもっている話題は何ですか？

STEP2 …トピックについて話せる内容を準備しておく

質問レパートリーに対する答えを予測し、共通点がつくられるよう、事前に準備をしておきます。

例えば、「出身地」。これは誰からでも簡単に引き出せる情報で、答えの種類も限られています。**出身地ほど共通点をつくりやすいカテゴリーはありません。**

「相手が自分と同じ出身地だったらラッキー、違ったらしょうがない」。

このような考え方ではなく、

「相手が自分と同じ出身地だったらラッキー、違っていても共通点になるようにネタを準備しておく」。

このように考えて、戦略的に共通点になるネタを用意しておきましょう。

例えば、私はアメリカのニュージャージー州で生まれ育ちましたが、大学に進学したときに、ほかの州の人たちと会う機会が増えました。会ったことのない学生と話しているときは、同じニュージャージー州出身者だと一気に親近感を感じましたが、そうでない場合は共通点を見つけるのに苦労しました。

そこで、私はアメリカ50州のうち、ニュージャージー以外の州を言われても、共通点となるように準備しました。

例 ニューヨーク州……「実家がニューヨークにすごく近かったから、週末はよく
ニューヨークに遊びに行ったの」

カリフォルニア州…「お父さんが昔カリフォルニアに住んでいて、2年前に家族

で旅行に行ったの」

テキサス州…………「仲のよい友だちがヒューストンに住んでいて、よくテキサスの話をしてくれるの」

このように、**ただ「へー、そうなんだ」で終わらせるのではなく、何とか共通点にできないか、ネタを準備する**のです。

全50州分のネタを用意するのは難しくても、比較的確率の高そうな州に対して準備を行うことができます。

TIP!　出身地だけではなく、「仕事」に関しても聞き出せる情報の1つです。想定外の答えが返ってきて、共通点が見つからない場合もあわてないように。次のカテゴリーに話を進めればよいのです。

TECHNIQUE 5

クリントン大統領から学んだ、相手を気持ちよくさせる方法

相手を気持ちよくさせるには、「聞く力」、これに尽きます。

話をしているときは相手に意識を集中させ、相手の言葉だけではなく、表情や姿勢、声の使い方にも注目します。人は「聞いてくれているな」と感じると、自然とよい気分になり、無意識にそのポジティブな感情をあなたと関連づけます。

会話中にこの姿勢を貫けば、あなたと次に会う機会を楽しみにし、自分からその機会をつくってくれるようになります。結果的に、信頼と好感を得て、距離を縮めることができます。

◆◆◆

「相手の話を聞く」ことは簡単そうに感じますが、実はとても難しく、努力と練習が必要です。これに気づいて意識できている人は多くないと思います。

私は、クリントン事務所でインターンとして働いているときに、**「聞く」という行為**

にもさまざまな種類があることを学びました。

当時、ビル・クリントン（元）大統領と直接話す機会は少なかったですが、クリントン大統領が人と話す姿を間近で観察することはできました。

私と話すとき、事務所スタッフと話すとき、ＳＰの人と話すとき、クロアチア元大統領と話すとき…。**相手が誰であっても、クリントン大統領は同じような手法で相手の話を聞いていた**のです。

クリントン大統領の聞き方には、いくつかの特徴がありました。

・相手の目を覗《のぞ》き込むように、アイコンタクトをしっかり取る。相手が目線をそらせても、アイコンタクトをキープし、目が合ったら笑顔を見せる。
・頭から足先まで、身体全体を相手に向ける。
・相手が笑うと自分も笑う。
・頷《うなず》くタイミングやリアクションを取るタイミングを選んでいる。安易に大きなリアクションは見せない。

・相手と話している最中に誰かに話しかけられても、アイコンタクトや身体は相手に向けたまま。すぐにはそらさない。

さらに、興味深い話をクリントン大統領のアドバイザーのＷさんから聞くことができました。

Ｗさんはロシア語も堪能《たんのう》で、クリントン大統領がロシアに行った際にサポートとして一緒に会議などに参加したそうです。プーチン大統領とクリントン大統領との対談で、通訳の人が来られなくなったため、急遽通訳としてＷさんが対談に参加することになりました。

Ｗさんは、プーチン大統領のオーラに圧倒されました。

プーチン大統領の目は氷のように青く、Ｗさんとクリントン大統領を威圧するように見つめてきたのです。さらに姿勢も高圧的で、どこまで話を聞いているのか、何を考えているのかまったくわからない雰囲気を醸《かも》し出していたのです。

焦ったWさんはふとクリントン大統領を見て、驚いたそうです。

普段と同じクリントン大統領だったのです。古い親友と話しているかのように笑顔でプーチン大統領の話を聞き、Wさんがプーチン大統領の言葉を訳している際も、常にプーチン大統領の目を見つめていたそうです。

相手がプーチン大統領でさえも、クリントン大統領は「相手が気持ちよく話せること」を最優先に意識し、関係性構築に励んでいたのです。

もちろん、アメリカの大統領がこのように自分の話を聞いてくれると、誰だって喜ぶと思います。でも、地位や立場は関係なく、こんなにしっかりと話を聞いてもらえると、相手が誰であれ嬉しいのでは、と私は思うようになりました。

◆◆◆

その後、私はさまざまな研究や書籍を探り、クリントン大統領がしていたことが**「アクティブ・リスニング」**だということに気づきました。

「アクティブ・リスニング」とは、**「聞く」という明確な目的をもって、積極的に相手の話に耳を傾け、進んで相手の言葉や感情をつかもうとする姿勢や態度を見せる技術**を指します。日本語では「積極的傾聴」と訳されることが多いようです。

本来は、アメリカの臨床心理学者カール・ロジャース氏が、心理カウンセリングにおける効果的な「聴き方」として提唱したコミュニケーション技法ですが、近年海外のＩＴ企業をはじめとして、ビジネスの場で広く活用されているテクニックです。

アクティブ・リスニングを行う際にカギとなるのが、あなたの目標設定です。

相手の話を聞いている間のあなたの目標が、**「次に何を言うか考えるための時間稼ぎ」**になってしまうと、相手の言葉を聞き流してしまいます。

また、アクティブ・リスニングとは、相手の言葉やその奥にある感情をキャッチすることが目的なので、自分の考え方や価値観はいったん忘れ、相手の気持ちを全面的に理解するという目標を設定してください。

◆◆◆

それでは、アクティブ・リスニング力を鍛えるために、次の５つのポイントを意識的に練習してみてください。

POINT1　「聞きたい」という姿勢を全身で見せる

頭から足先まで全身を相手に向けます。**少し前かがみになり、「聞きたい」という気持ちを身体で表現します**。腕を組んだり手を身体の後ろで組むことを避け、できるだけ両手は相手が見える位置に置きます。また、手遊びや相手の気が散る仕草を控えます。

普段から、人と話すときの自分の「姿勢」を意識してみてください。特に注意するポイントは、次の３つです。

- **身体の向き**
- **手の動き**
- **手や腕の位置**

また、もしあなたの周りに「この人、聞き上手だな」と思う人がいれば、その人のボディランゲージを観察してみてください。その人の姿勢や手の動きなどに集中し、真似してみてください。

POINT2　アイコンタクトを100%徹底する

「話しているときはアイコンタクトを60%、聞いているときは80%」などのように、アイコンタクトの度合いを数字化する研究をよく見かけます。

でも、「60%」や「80%」が、実際にどれくらいなのかわからない人のほうが多いのではないのでしょうか？　少なくとも私は、その差を理解できていません。

なので、私は相手の話を聞いているときは、アイコンタクトを100%維持することをお勧めします。相手が話している最中は目線をそらさず、しっかりと相手の目を見ます。

ほとんどの場合、相手は目をそらします。何かを思い出そうとしているときや、次に言うことを頭の中で整理するときに、人は自然と視線を上や横、下に向けます。そのときも、相手の目を見続けてみてください。そして、**また目が合った瞬間に少しだけ、笑みを浮かべてみてください。**

そうすることによって、相手はさらに「私の言っていることに集中してくれている」「本当に私の言葉を聞きたいんだな」と感じます。

POINT3　相手の表情を真似する

相手の表情を真似ることによって、「あなたの言葉を聞き、理解し、共感しています」という3つの行動を一瞬で示すことができます。

例
- 相手が笑ったら、自分も笑顔を見せる。
- 相手が悲しそうな表情を浮かべたら、自分も悲しい表情を見せる。

表情を相手の表情にマッチさせるという単純なテクニックですが、親近感を高め距離を縮めるのに非常に効果的です。

でも、笑顔だったら頑張れるかもしれないけれど、表情を完全に真似するのは難しい…。そう感じている人には**「海外ドラマ」を使って練習する**ことをお勧めします。

私の実体験にもとづくので、是非試してみてください。


私は、小・中学校時代に子役としてアメリカで活動していました。

でも、私は演技が下手すぎて…。コマーシャルなどの仕事のオファーをいくつかいただいたものの、「表情が硬い」とか「気持ちがこもっていない」という厳しいフィードバックを受けました。

当時、私は演劇のクラスをとっていたのですが、先生に表情のつくり方について相談したところ、「とにかく人の真似をしなさい」というアドバイスをもらいました。

そこで、人前で他人の表情を真似して練習するなんて恥ずかしいと思った私は、家にあるハリウッド映画をひたすら見て、登場人物の表情を一生懸命真似しました。

海外の演者は、日本人よりも表情を大げさにつくります。初めてこのエクササイズをやったときは顔中がとても痛くなり、自分が普段からあまり表情筋を使っていないことに気づきました。さらに、この練習をとおして、人の表情を読む能力も高まりました。

あなたも、表情豊かな人を真似することによって、人の表情や感情に敏感になることができます。是非表情のつくり方を鍛えてください。

POINT４　リアクションにメリハリをつける

相手の言葉に共感を示すのには、言語的な方法と非言語的な方法があります。

言語的な方法

「そうなんですね」や「うんうん」など、相槌《あいづち》を打ったり、声に出して相手の言っていることを認識することが言語的な方法です。また、相手の言葉をくり返したり、要約することも含まれます。

非言語的な方法

頷《うなず》きや笑顔など、身体や表情を使って相手の言っていることを認識すること。

アクティブ・リスニングを行うには、ただランダムに頷いたり、常に「はい、はい」と声に出すことではありません。タイミングを選んで、さらに言語と非言語を使い分けることが重要です。

私は、一般的に**日本人は相槌《あいづち》が多すぎる**と感じています。

文化的な違いだとも思いますが、話をしようとしているのに、終始「うん、うん、そうだよね、あーわかる」など、話を遮《さえぎ》られてしまうと、正直気が散ってしまいます。

また、相槌が多すぎると、「この人、本当に私の言っていることを聞いているのかな？」と疑ってしまいます。

そこで、次のリアクションや相槌を使い分けながら、人の話を聞いてみてください。

①静かに頷《うなず》く（非言語） ＝基本的なリアクション

相手が話している間は、基本的にあまり声を出さず、静かに頷いてください。相手の話にかぶせてリアクションをすることはNGです。

笑顔を使って相手に「聞いてます」と示すことも効果的です。

②声に出して相槌を打つ（言語）

相手が話したいアイディアが1つ完結したら見せるリアクションです。「へー」「そうなんだ」など、声に出す相槌は、1文を最後まで聞いたタイミングで言ってください。

このとき、できるだけ「はい、はい、はい」や「確かに、確かに」など、同じワードをくり返さないように気をつけてください。

③声と表情を使って大きくリアクションする（言語＋非言語）

ここぞという、相手の話のクライマックスを聞いたときに見せるリアクションです。「すごいですね！」や「信じられない！」などと共感を声に出し、表情もそのリアクションに合わせます。

POINT5　聞く姿勢とアイコンタクトをキープする

最後に、相手が話している間に、他の誰かが会話に入ってきたり、話を遮《さえぎ》るような音や出来事が起きても、最低5秒間は相手を見続け、身体も相手に向けたままにしてください。**その後に、相手に話の続きを聞きたいですと伝えながら、遮った人や物に対応します。**

そうすることによって、あなたが相手にどれだけ集中しているのかを見せることができます。相手も、「この人、これだけ自分の話に聞き入っているんだな」と感じることができます。

また、話を遮りそうな要素を事前に把握し、排除できるものは排除しておきましょう。例えば、携帯電話はサイレントモードにするなど、自分がコントロールできるリスク要因は、事前に対処しておいてください。

TIP!　自分が人の話を聞いているときの姿を確認することは簡単ではありません。自分の発した言葉は後から何となく思い出せても、自分が周りにどう映っていたかを確認することは難しいですよね。

なので、**仲のよい友だちや家族に、自分が人と話しているときの動画を撮ってもらうことをお勧め**します。動画を撮り、**音声を消して見る**ことによって、客観的に自分の姿勢や身体の使い方を分析することができます。

また、普段あなたが使うリアクションを調べるために、スマホなどで人との会話を録音してみてください。客観的に聞き返してみると、リアクションにメリハリがなかったり、逆にリアクションをぜんぜん取っていないなど、さまざまな気づきがあると思います。

TECHNIQUE
6
日本人に足りない「ヴァルネラビリティ」を小出しする

仕事ができそうで有能だと思う人が、ちょっとした間違いや失敗をしてしまったときに、不思議と好感と親近感を抱くことはありませんか?

この心理作用は**「プラットフォール効果」**と呼ばれます。

人に自分の弱みを見せることで、「私は完璧ではなく、あなたと同じように弱みをもつ人間なんだ」ということを示すことができるのです。

◆◆◆

１９６０年代に、テキサス大学オースティン校の心理学者エリオット・アロンソン氏が唱えたこのプラットフォール効果は、ある実験をとおして発見されました。

アロンソン氏は、４つのグループの被験者たちに、クイズ番組への出場を競っている挑戦者が難問に答えている録音テープを聞かせました。テープの種類は４つあり、グループごとに異なる内容のテープが再生されました。

１つ目のテープには、クイズの難問に次々と答え、最終的に正答率が92%だった有能な挑戦者が録音されていました。さらに、クイズに答えた後にはインタビューが行われ、挑戦者は高校時代の成績はトップだったと話し、陸上部で大活躍したアスリートでもあることを話しました。

２つ目のテープは、１つ目と内容はまったく同じでしたが、１つだけ違いがありました。インタビュー直後に、挑戦者がコーヒーをこぼしてしまうのです。

３つ目のテープには、ごく普通の挑戦者が登場しました。難問に苦戦し、正答率は30％でした。さらにインタビューでは、自分は高校時代の成績は普通で、特に目立ったことは達成していないと話しました。

４つ目のテープは、３つ目と内容は同じでしたが、最後にコーヒーをこぼしてしまいました。

どのテープの挑戦者が最も好感度が高かったのか、もうおわかりでしょうか？

2つ目のテープの、何にでも完璧なはずが、コーヒーをこぼしてしまった挑戦者です。

逆に、４つ目のテープの、コーヒーをこぼした平凡な挑戦者の評価が最も低かったのです。

このように、**プラットフォール効果とは、すでに有能であるイメージの強い人が、ミスや失敗をおかしてしまった場合、好感度や親近感がぐっと上がる心理作用**なのです。

◆◆◆

それでは、この心理効果を使って、どう相手との距離を縮められるのでしょうか？

相手の前でコーヒーをこぼせばよい…、と私はお勧めしているわけではありません。

また、相手に有能性をしっかりとアピールできたか不明な段階で、いきなり失敗をしてしまうと逆効果になるリスクもあります。

カギは「ヴァルネラビリティを見せる」ことなのです。

「ヴァルネラビリティ（vulnerability）」という英単語は一般的には日本語で「脆弱《ぜいじゃく》性」や、シンプルに「弱み」と訳されることが多いです。

人間関係を構築する際の「ヴァルネラビリティ」とは、実際のニュアンスとしては**「心の弱さ・不安」**や**「自分のデリケートな部分」**を指します。ヴァルネラビリティを他人に見せることによって、人間としての弱さをお互い認め合い、距離が縮まるのです。

すでに関係性を構築している相手には、失敗を恐れずに相手と接することが重要です。そして、それよりも**重要なのが、失敗をしてしまったときのあなたの反応**です。ムキになったり、意地を張ったり、失敗を隠そうとすると、逆効果となってしまいます。失敗を認め、「ミスったな」と反省し、相手に隙を見せることによって、距離は一層縮まります。

ヴァルネラビリティを、まだ距離感があり、関係を構築している最中の相手と共有するには、次の方法をお勧めします。

ヴァルネラビリティを見せる

①失敗談について話す

私は「ハーバード」「ＣＩＡ」「ＦＢＩ」などのイメージが強いので、「すごいですよね」と声をかけられます。人物像を知ってもらう前に経歴が先走って、「優秀な人」というレッテルを貼られてしまうのです。結果的に、近寄りがたい印象を与えてしまうことを、私はよく知っています。

だからこそ、仲よくなりたいと思う人には、早い段階で自分の失敗談を面白おかしく話し、**「全然完璧じゃないんですよ」と示します**。

実際、私は完璧な人間からほど遠く、さまざまな弱みや不安を抱えているので、そこをオープンにし共有します。

私の場合、２０１４年に来日した当初、ワタナベエンターテインメントのコメディスクールに入学し、その後２０１５年に**「セクシーチョコレート」という漫才コンビでデビュー**したことについてよく話します。

お笑いにはまったく向いていなかったようで、人を笑わせるどころか笑われることが多く、悔しい、恥ずかしい思いをたくさんしました。いくら練習しても、ステージの上に立ち、漫才を披露しようとした瞬間、テンポを合わせられなかったり、言葉を噛《か》んでしまったり…。数々のバラエティ番組に出演させていただきましたが、結果を出せず、数カ月後には解散しました。

私にとってこの話は、書くことすら怖いことです。声に出して話すことはなおさら怖いです。

でも、そうすることによってほとんどの場合、相手は「そうなんだ」と興味をもち、「お笑いって難しいよね」と共感してくれ、次に会ったときはその話を覚えていてくれます。

さらに、**私の失敗談を聞いて、相手も失敗談を話してくれることもあります**。

◆◆◆

あなたも、過去の自分の失敗談を思い返してみて、人に話せるものがあるかどうか考えてみてください。そして、その失敗談を公開する前に、まず文字に起こすことをお勧めします。
その際、次にある質問を自分に問いかけて言葉や内容を評価し、何回か修正してください。自分でチェックするのが難しいと思ったら、親友や家族に読んでもらうこともお勧めします。

Q 本当に失敗について話しているのか？
↓今まで失敗だと思っていたけれど、文字に起こしてみると自慢に聞こえたり、実は失敗でもない可能性があったりするので、よくチェックしてください。

Q 相手にネガティブな印象を与えてしまう内容でないか？
↓失敗がひどすぎると、逆に「この人、大丈夫かな」と思わせてしまい、印象が悪くなる可能性があるので気をつけてください。

Q ただの失敗の話で終わるのではなく、学びについても話しているか？
↓ネガティブな内容のままで終わらず、「失敗から何を学んだのか」「失敗をその後に向けてどう活かしたか」という内容で終わるようにしてください。

②パーソナルな情報を相手と共有する

①に似ていますが、相手に**自分に関するパーソナルな情報を伝えることによって****ヴァルネラビリティを見せ、距離を縮める**ことができます。

1997年に行われた、ニューヨーク州立大学の心理学者アーサー・アロン氏の「恋に落ちる36の質問」の実験について紹介します。

アロン氏は、大学生の被験者を2人組のペアに分け、「45分間かけてお互いを知り合い、仲よくなってください」とリクエストしました。

そのために、各ペアはアロン氏が開発した36の質問を交互に聞き合い、質問を聞き合った後は黙ってお互いを見つめ合いました。

たった45分間の実験後、**被験者の3分の1は「相手をよく知ることができ、親密になった」と答えました**。被験者のうち1組は実際に数カ月後に結婚したそうです。

アロン氏の36の質問は、**質問を重ねるにつれて、より深くパーソナルで個人的な情**

報や経験、価値観を共有し合うように設計されていました。

例えば、「あなたは母親との関係をどう感じていますか？」や「最後に他人の前で泣いたのはいつですか？」という、かなりパーソナルな質問が含まれていました。パーソナルな情報を共有し合えばするほど、親密感が増すのです。

この実験結果から導かれるテクニックを、あなたも活用することができます。もちろん、いきなりパーソナルな話をするのではなく、ある程度雑談をした後に、徐々に個人的な感情や経験について相手に話します。

そうすることによって、相手も「普段聞かないような情報だ」と認識し、自分が特別な存在であると感じ、あなたに親近感がわきます。

例えば私の場合、**「なぜＣＩＡの内定を蹴ったのか？」「なぜ日本に来たのか？」**という、普段話さない過去の自分の心情について話します。うまくいけば、相手もパーソナルな情報をシェアしてくれるかもしれません。

このとき、話が重すぎるかどうかはもちろん、その場の雰囲気や相手のそれまでの会話をもとに判断が必要です。でも、話すか話さないか悩むくらいだったら、話してみてください。心を開こうとしている人に対して、拒絶する人は少ないからです。

③アドバイスを求める

仕事や人生に関する相談をし、相手からアドバイスを求めることによって、３つのことが達成できます。

①まず、ヴァルネラビリティを見せることができます。「**自分には悩みがある＝自分は完璧な人間ではない**」ということを、明確に伝えることができるのです。

②さらに、相手にアドバイスを求めることによって、「**私はあなたを信頼しています。あなたの意見は価値が高いと評価しています**」と伝えることができるのです。

③最後に、相手はあなたにアドバイスを与え、あなたを助けることによって、あなたに一層好意をもちます。

これは「**フランクリン効果**」と呼ばれ、アメリカ合衆国建国の父、ベンジャミン・フランクリンが政治活動をする際によく使った戦法だといわれています。

フランクリンは、自分を嫌うある政治家に、**「どうしても読みたい本があるのですが、どこにあたっても見つけることができません。あなたが1冊もっていると聞いたのですが、貸していただけませんか？」**と手紙を書いたそうなのです。

その政治家はすぐにフランクリンにその書籍を送り、貸してあげました。1週間後、フランクリンは感謝の気持ちを書いた手紙とともに本を政治家に返しました。その日から、その政治家は人が変わったようにフランクリンに対して親切に接し、亡くなるまで2人は深い友情を構築したそうです。

◆◆◆

人は好きでもない人を助けません。ですが、実際には嫌いという感情を抱いていても、相手の頼みごとに対応し、その人を助けると、「助けてあげたのだから、私は相手を好きなんだろう」という感情が生まれるのです。

人間は、感情と行動が矛盾していると違和感を感じます。「助ける」という行動を相手にさせることによって、相手に好意を感じさせ、行動に感情が寄り添うようになるのです。

また、相談をする際は、いくつか注意点があります。

- **相手が何も知らないことに関しては相談をもちかけない。**
- **相手のアドバイスを批判したり、否定しない。**
- **「助かりました」など、相手が自分を助けたという事実を声に出して伝える。**

TIP!　ヴァルネラビリティを見せるタイミングを、しっかり見計らってください。初対面の人にいきなりパーソナルな情報を話してしまうと、引かれてしまったり、警戒される可能性が高まります。特に、好奇心・開放性が低そうな人には、まずは雑談の中で少しパーソナルな情報を話して相手のリアクションを検証してください。

TECHNIQUE

7

SNSなどを使ってタッチポイントをつくる

初対面の人と出会い、一発で関係性を構築し、距離を一気に縮めるのは難しいことです。

1回の交流では距離を縮めることができなかった場合は、次に会うときまで関係性を維持し、向上させる必要があります。

そのためには、**「タッチポイント」をつくる**ことが重要です。

マーケティングやユーザー体験（UX）、デザイン分野でよく使われるこの「タッチポイント」という用語は、**「物と物や、人と人が触れ合う接点」**のことを指します。

マーケティングでは、企業やブランドに関する何かしらの印象や情報がユーザーの中に残る接点（広告、ウェブサイトなど）、あるいは企業やブランドが直接ユーザーと触れ合う機会（口コミ、イベントなど）のことを指します。

人間関係構築での、「タッチポイント」とは、相手にあなたの存在を主張し、何かしらのやり取りをとおして関係を維持・向上する機会のことです。たまに電話をする、メールを送るなど、タッチポイントを意識して、相手との接点をつくる努力をする必要があります。

でも、タッチポイントをつくるには、何かしらきっかけが必要だと思います。何も用がないのに、「最近どうですか？」といった内容のメールを送るのはハードルが高いですよね。

相手に連絡をして接点をつくるためのきっかけは、「相手が興味をもっていそうな情報を見つけ出し、相手と共有する」ことです。

例えば、相手がＩＴ業界で働いていて、テスラなどの自動運転車に興味をもっていそうだとわかっているのであれば、最新の自動運転車に関する記事を共有することによって、連絡を取るきっかけをつくることができます。

このとき、電話やメールを使うと、相手に「返信（返事）しなくては」というプレッシャーを与えてしまい、**「接点・接触」よりも「交流・会話」を求めている印象を与えてしまいます**。相手とのタッチポイントをつくるには、**Facebook、Twitter、LinkedIn などのSNSをとおして行うことをお勧め**します。

以上の点をまとめると、私がお勧めするのが次の戦略です。

STEP1　接触するきっかけとなる情報を効率的に収集する
STEP2　SNSを使って相手とタッチポイントをつくる

それでは、ステップを詳しく見ていきましょう。

STEP1…接触するきっかけとなる情報を効率的に収集する

相手が興味をもちそうな話題が何なのか知っていても、最新の情報を見つけるのは大変ですよね。

また、仲よくなりたいと思う人が複数いる場合、より複雑で困難になります。最近は、ニュースメディアやSNSなど、いろいろな場所に情報が分散しているので、特定の最新情報を見つけるには時間がかかります。

そのためには、私はGoogleアラートというツールを使うことをお勧めします。

Googleアラート（https://www.google.com/alerts）は、特定のキーワードを登録すると、その**キーワードが含まれるウェブ情報が公開されると自動的にメールで通知を送ってくれる無料の機能**です。通知の頻度はユーザーが自由に設定することができます。

Googleアラートを設定することで、相手が興味のありそうな情報や、相手と何かしらの会話を生むきっかけとなる情報が簡単にメールボックスに届きます。さらに、**あなたはメール通知を確認するだけでよい**ので、効率的に最新の情報を収集することができます。

STEP 2 …SNSを使って相手とタッチポイントをつくる

相手が興味のありそうな情報を得ても、電話やメールのようなフォーマルなコミュニケーション法を使ってしまうと、相手に返事をしなければいけないプレッシャーを与えてしまうかもしれません。

もし何かしら相手と話すきっかけになりそうな記事や情報を得たときは、**SNSを通じて相手にシェアすることをお勧めします。**

例えば、STEP1の例を使うと、Tさんが興味のありそうな記事を見つけたとします。Facebook や LinkedIN、Twitter のメッセンジャーを使って、相手にリンクを共有し、短いメッセージを送ると効果的です。

また、メッセージを送るときは、

例

・「Tさんが興味ありそうな記事を見つけました！　○○について、新しい視点から書かれているので、お時間があれば是非読んでみてください！　ご感想も聞きたいです」

・「もうすでにご存じだと思いますが、こんな記事を今朝みつけて、Tさんが以前話していたことを思い出しました。この記事について、どう思いますか？」

などと、「なぜ」記事を共有するのかもしっかりと書いてください。

TIP!　もしもFacebookやTwitterなどのSNSで繋《つな》がっていない場合、**単純に相手に「繋がりたいです」というメールを送れば解決**できます。

「○○さんが興味のありそうな記事をよく見かけるのですが、メールで送るほどではないので、Facebookで繋がれますか？」

などと、**「リクエストの理由＋相手にとっての価値」**を明確に伝えましょう。

初めて会った人や仲よくなりたいと思う人と表面的な話をするのは得意であっても、より深いコミュニケーションをとおして相手との心理的距離を縮めるのが苦手な人は多いと思います。私も実際そうだったので、悩むポイントもよくわかります。カギは、できるだけ多くの接点と共通点を見つけることと、あなたの思いや感情、過去の成功や失敗をオープンに共有することです。**人間味を出せば出すほど、相手はあなたに親近感を抱きます。**

これからも、７つのテクニックを活用して、深い関係構築に励んでください。

第5章　まとめ

●人との「距離」を決める5つの要素（→p.232）

［性格や価値観／経験や背景／趣味や興味／感情］の類似性、接触機会や会う頻度

●相手と距離を縮める7つのテクニック

TECHNIQUE 1…コミュニケーション・アコモデーション理論を用いる（→p.237）

→相手との性格のギャップを埋め、相手に話し方や振る舞い方を合わせる

TECHNIQUE 2…単純接触効果を使う（→p.242）

→相手と接触する回数を増やし印象づける

TECHNIQUE 3…組織図をマッピング（→p.247）

→相手にアピールすると最も効果的な共通の知り合いを特定する

TECHNIQUE 4…盛り上がる共通点を見つける（→p.256）

→質問のレパートリーと話せる内容を事前に準備する

TECHNIQUE 5　相手を気持ちよくさせる（→p.262）

→「アクティブ・リスニング」を活用する

TECHNIQUE 6…「ヴァルネラビリティ」をアピールする（→p.275）

→自分の弱みを相手に伝えて親近感をもってもらう

TECHNIQUE 7…SNSツールを使う（→p.288）

→相手が興味をもちそうな情報の収集と関係構築を効率化する

第6章

方程式を手に、明日から人生を変えられる

本章まで読み進め、人間関係を強化する方程式の各要素を高める方法を身につけることができたと思います。

ここまで来れば、どの要素があなたの強みで、どの要素が弱みなのか、特定することができたのではないでしょうか?

これからは、この方程式を手に、すでに関係性を構築した人たちとより深い信頼関係を築いてください。そして、これから新しく出会う人たちの心をしっかりとつかみ、強い人間関係を構築するためのガイドとなることを願っています。

といっても、人間のコミュニケーションスタイルというものは、幼少期から長い時間をかけて形成され、簡単には変えられないですよね。

一晩で大きく変えることを目標にするのではなく、「できそうだな」と思う部分から強化していき、徐々にあなたの理想とするコミュニケーションスタイルに進化させましょう。

また、ここまでさまざまなテクニックをご紹介しましたが、そのどれもが**ある程度の練習を積み、実践をくり返さないと使いこなすのは難しい**かもしれません。まずは、すでに仲のよい友人や、失敗しても支障が少ない相手（お店のスタッフやタクシーの運転手さんなど）と接する際に練習してみてください。

ラストとなる本章では、方程式を使う上での注意点について説明します。また、どうしても何から始めればよいのかわからないかたや、実践のためのガイドラインが必要と感じるかたでも心配無用です。**誰もが方程式を活用できる４週間プログラムを用意しました**。是非一度トライしてみてください。

悩まず、とにかく「動く」ことが大事

計画を練って戦略を立てるのと、それを実際にアクションに繋《つな》ぐことはまた違いますよね。

「論理的には自分が立てた戦略は正しいと思えても、そのとおりに実行できるかが不安…」

「失敗するリスクが少しでもあると、なかなか現状を変える第1歩を踏み出せない…」

仕事や人生において、コミュニケーションだけではなく、このように具体的なアクションを起こせない悩みを抱えているかたも多いのではないでしょうか？

悩むことは大切です。でも、新しいことに挑戦するということは、必然的にある程度のリスクが伴います。しかし、リスク計算を細かくしているうちに、状況が変わってしまったり、やっと行動にまで繋ぐことができたときには遅かった、という可能性もあります。

私は、企業のグローバル化支援に向けたコンサルティングやトレーニングを行うベンチャー企業の取締役でもあります。その中で、クライアントの企業理念やミッション、ビジョンなどの設計をお手伝いすることも多々あります。そのために、私は数々の大手企業が公開する行動規範（プリンシプル）や価値観（バリュー）を研究してきました。

その中でも個人的に最も共感できるのが、**Amazonの「14 Leadership Principles」**で、Amazonが全世界共通で掲げる「リーダーに求める14のプリンシプル（行動規範）」です。

ここで紹介したいのが、そのプリンシプルの1つである「Bias for Action」です。

Amazonによると、「Bias for Action」とは、

「ビジネスではスピードが重要です。多くの意思決定や行動はやり直すこともできる

ため、大がかりな分析や検討を必要としません。計算されたリスクをとることも大切です」

となっています。

つまり、常にアクションを起こすことに重きを置くのです。決断に悩み、アクションを起こすか起こさないか頭を抱えているのであれば、リスクを覚悟でアクションを起こすのです。

ほとんどのアクションによって起こる結果は、実は失敗してもやり直すことができます。また、失敗からたくさんの学びを得ることもできます。**余計に悩むくらいだったら、そのエネルギーを行動に注ぎ、失敗したら失敗したで、軌道修正するための次のアクションを考えればよいのです。**

コミュニケーションに関しても、同じことが言えると私は信じています。

悩み始めたら、いくつも懸念すべき点はあると思いますが、**アクションを起こしてみないとそれによって生まれる本当の結果はわかりません**。

悩むくらいだったら、動いてみて、失敗しましょう。それくらいの覚悟をもたないと、あなたの人生は変えられません。

人間関係を弱めるマイナス要素とは

方程式の各要素がどんなに強くても、人間関係の強さを妨げるマイナス要素が存在します。

前項に紹介した「余計に悩むこと」も、いくつかのマイナス要素が重複して、あのような結果になってしまうのです。

次に掲げるマイナス要素が存在すると、方程式の合計値から引かれてしまいます。その分、人間関係は弱まってしまうので、以下の4つの要素は排除する必要があります。

①ネガティブマインドセット

ネガティブマインドセット（ネガティブ思考）をもってしまうと、そもそも自分を変えようという意欲が生まれません。「どうせ頑張っても…」「私なんて…」と考えてしまうと、客観的に自分や相手との関係性を分析することができず、効果的な戦略が立てられません。

TIP!　SOLUTION

「ポジティブになりましょう！」と言われても、自分の考え方をすぐに変えることはなかなか難しいですよね。私も、今でも根はネガティブだと思います。自分の成功を素直に喜べなかったり、失敗をすると自分を極端に責めたりする傾向があります。

そのため、私はポジティブなマインドセットを鍛えるために、日記をつけています。毎日寝る前に、1日に起きた出来事を思い返して、どんなに些細なことでも、ネガティブに感じたものをノートに書き留めます。書き終えたら、**一つひとつを見ていき、何**

例

ネガティブ →	ポジティブ
寝坊して、会議に10分遅れてしまった。	目覚まし時計の他に、スマホにもアラームを設定することにして、今後のためのよい学びとなった。
同僚にタスクを任せたら、嫌な顔をされた。	同僚がストレスを感じているかもしれないことに気づくことができた。私に向けた嫌な感情ではなかった可能性もある。明日、同僚と話して確認してみよう。

か少しでもポジティブな観点はないか考え、その出来事をポジティブな表現を使って書き換えます。

気をつける点は、ネガティブな出来事をポジティブに解釈することは、失敗を認めないということとは別であることです。

カギは、**本当にネガティブな出来事だったのかをちゃんと検証すること**。もし、そうであった場合は自分の失敗を認め、何かしらポジティブな学びを得る努力をするということです。

②自己肯定感の低さ

「自分を変えたい、人生を変えたい」という意欲があっても、自分に自信がなければうまくいきません。自信がないと、**行動をとることに躊躇《ちゅうちょ》してしまう→結果を出せない→自分を責めてしまう…**、**このような悪循環**に陥ってしまいます。

とはいっても、これまでに出会ったさまざまな人たちを考えても、心の底から揺るぎない自信をもっている人は非常に少なかったです。**誰にだって自信がないときや、自信をいきなり失う状況はあります**。

「どんな状況でも、常に自信をもつ」ということは非現実的です。自分の行動を妨げてしまわないよう、ある程度の自信をもつことをゴールとすればよいです。

TIP!　SOLUTION

自分に自信をつけるには、まずは第3章で模索した「自分の魅力」を素直に認め、深く理解することです。誰にでも個性と強みがあることを、私は約束します。

自信があるかないかは、その個性や強みをしっかりと認識しているかどうかの差だと思います。

次に、自信を高めるためには**「成功体験」を積み上げる**ことが重要です。

コミュニケーションにおいては、人と接して少しでも「成功したな」と感じられる体験を重ねることです。

そのためには、**「成功」の定義をまず自分なりに設定することが必要**です。

・成功＝相手と名刺交換ができた。
・成功＝自分の自己紹介をしっかりとできた。
・成功＝相手とまた会う機会をつくることができた。

などと、自分に合った定義を決めてください。いきなり「成功＝方程式の全要素を最大限に高める」ですと、達成のハードルが上がってしまいます。

自分にもっと優しくなり、成功の定義を低いところから徐々に上げて、成功体験を積み上げてください。

③意図と行動が一致していない状態

「相手を騙《だま》したい」「相手を利用したい」など、コミュニケーションの理由が「相手と仲よくなりたい」という意図から少しでも離れてしまうと、関係構築に支障を与える可能性が高まります。人間は他人の意図に非常に敏感です。あなたの意図と行動が一致していないと、相手はすぐに違和感を感じ、壁をつくってしまいます。

TIP! SOLUTION

解決策はシンプルです。**目的は第1に「関係構築」だと考えればよい**のです。

「オーセンティック」という言葉を第4章で紹介しましたが、これは「本物であるさま」を意味しています。あなたは、心の底から相手と仲よくなりたいと思うことが大切なのです。少しでもその目的と違う感情があると、その欲に動かされ、深い関係構築はできません。

また、「相手を魅力的に感じない」と思うのであれば、それは相手の問題ではなく、１００％あなたの問題です。私は、誰にでも魅力があると信じています。あなたも相手に近づきたいと思う限り、相手には何かしらの魅力があるはずです。

それを見つけられないということは、**情報が足りないか、あなたの視野や考え方が**

狭い、そのどちらかが原因です。

前者を解決するには、とにかく相手との会話や相手のリサーチをとおして情報収集を行いましょう。また、後者が原因の場合は、一度何もかも忘れて頭の中をリセットすることをお勧めします。自分や相手の立場を忘れて、視野を広げ、相手を1人の人間として見てください。その人は他とは何が違うのか、些細なことからでもよいので見つけてください。

④成長する意欲の不足

方程式を用いて人間関係を強化することを試みても、すぐに結果が出なくて諦めてしまうと、あなたの成長に繋《つな》がりません。私はいまだに、方程式を手に関係構築に挑んでも、失敗することは多々あります。

何事もそうですが、コミュニケーション力を高めるには、日々の努力や未来に向けた目標設定や戦略構築だけではなく、過去の自分の試みや、成功や失敗を振り返り、分析し、気づきと学びを得ることが大切です。

TIP!　SOLUTION

自己の成長を促進するには、まずは過去に失敗した人間関係を振り返り、方程式に当てはめてみることをお勧めします。

あなたがいちばん「失敗したな」と思う人間関係は何ですか？　その失敗体験をもとに、方程式の各要素を分析し、失敗要因は何だったのかを洗い出してください。

また、本書で紹介したテクニックなどを実践した場合、**成功しても失敗しても、必ずその後に成功要因や失敗要因を分析してください**。

そのために、ノートやメモアプリなどを使って、分析結果のメモを取ることをお勧めします。

例
○月○日

○○社の○○さんと初めて食事。

ポジティブな第一印象を与え、自己紹介をしっかりとし、自分の魅力はアピールできたと思う。

でも、自分ばかり話し過ぎて、相手の情報をうまく引き出せなかった。相手の言ったことも覚えていない（アクティブ・リスニングが欠けていた）。そのため、会話が盛り上がるような共通点も見つからず、距離はまだ大きい。

次に向けてのアクション

「また是非食事を」と言われたので、メールをして次の食事をセッティングする。

次回の食事では○○さんの魅力を引き出すことに専念し、共通点を見つけるために質問やネタを準備しておく。

人間関係の方程式を活用できる 4週間プログラム

何とか強い人間関係を築きたくても、何から始めればよいのかどうしてもわからない…。この本で学んだ方法を実践したいが、ガイドラインがほしい…。

そう感じるかたは、ご安心ください！

誰もが方程式を活用できる４週間プログラムを用意しました。

まだあまり接触したことはないが、仲よくなりたいという相手を見つけたら、是非このプログラムを試してください。

始める前に、いくつか注意点です。

前項で述べた**方程式から引かれるマイナス要素は、できる限り排除してください。**

それから、騙されたと思って、生まれ変わった気持ちで4週間、このプログラムに専念してください。

また、このプログラムは週ごとにチェックリストを設けています。速い人だと1週間もいらないと感じるかもしれませんが、**必ず4週間、じっくりと時間をかけてください**。ある項目が終わったと思っても、次の日また振り返り、ほかに考える要素はないか、確認してください。

WEEK 1 …自分の魅力を磨こう

第1週は、第3章に含まれているエクササイズを行い、徹底的に自分を知ることに専念してください。

チェックリスト

- □自分の性格特性を分析する（106ページ～）。
- □自分のユニークポイント、「ＵＳＰ」を分析する（126ページ）。
- □自分の「ＵＳＰ」を間接的に切り出す「フック」に変える（136ページ）。
- □自分の魅力を最大限にアピールできる「活きる環境」を特定する（143ページ）。
- □自分の魅力を相手に伝える練習をし、録画する。
- □録画した自分の姿を確認する。

最後から2番目の「自分の魅力を相手に伝える練習をする」という項目は、まずは**紙に書き出して情報を整理する**ことをお勧めします。

練習をするときは、実際に声に出してください。また、練習をしている自分の姿を録画し、自分の表情や声の使い方、ボディランゲージを確認してください。

WEEK 2 …アプローチに向けて準備しよう

第2週は、仲よくなりたいと思う相手を特定し、アプローチに向けて準備をする週です。相手について、得られる情報はすべて収集し、分析結果を含めデータベースに記入してください。

チェックリスト

- □アプローチしたい相手を特定する。
- □アプローチしたい相手の性格特性を分析する（165ページ〜）。
- □アプローチしたい相手の情報を集め、仮説を立てる（171ページ）。
- □アプローチしたい相手に関する情報をデータベース化する（181ページ）。
- □組織図マッピングを使って共通の知り合いを探る（247ページ）。
- □共通点を見つけやすいよう、質問のレパートリーとネタを用意しておく（256ページ）。
- □第一印象のＭＩＳＳＩＯＮ１（信頼性のアピール）を練習する（53ページ）。

- □第一印象のＭＩＳＳＩＯＮ２（有能性のアピール）を練習する（63ページ）。
- □第一印象のＭＩＳＳＩＯＮ３（価値のアピール）を練習する（73ページ）。
- □あいさつや自己紹介の練習を録画し、録画した自分の姿を確認する。

第３週は準備期間なので、使うテクニックを徹底的に整理し、練習してください。特に、表情の使い方やボディランゲージを鍛える必要がある第一印象の３つのミッションは、自分の姿を客観的に確認することが大切です。

恥ずかしいと思うかもしれませんが、気づきは多いと思うので、**自分の練習している姿を録画し、しっかりと分析してください。**

WEEK 3 ：相手の魅力を引き出し距離を縮めよう

第３週は、相手に接触し、会話をとおして相手の魅力をさらに引き出します。

そして、まずは相手との距離を縮めるために、共通点を１つでよいので見つけ自分の魅力も伝えられるように頑張りましょう。

チェックリスト

- □会話をとおして立てた仮説を検証する（193ページ）。
- □相手に自分の意図を率直に伝える（220ページ）。
- □効果的な質問をとおして相手の魅力を引き出す（199ページ）。
- □相手の発言の裏にある「ＷＨＹ？」を追求する（220ページ）。
- □相手の魅力を声に出し、相手を褒《ほ》めてあげる（212ページ）。
- □相手との性格のギャップを埋め、相手に話し方を合わせる（237ページ）。
- □共通の知り合いの名前を出し、親近感を高める（247ページ）。
- □共通点を最低１つ見つける（256ページ）。
- □アクティブ・リスニングを使って相手の話を聞く（262ページ）。
- □フックを切り出し、用意した自分のＵＳＰを最低１つ伝える（136ページ）。

この週から実際に相手にアプローチし、テクニックを実践します。

すべてを１００％自分の思いどおりに実行することは非常に難しいです。**失敗してしまっても、思うような結果が得られなくても、ネガティブにとらえないでください。**失敗は貴重な学びの機会なので、アプローチ後に自分の言動を振り返り、学んだことを書き留めてください。

WEEK 4 …距離を縮めるためにタッチポイントをつくり、親近感を高める

最後の週は、さらに距離を縮めるために、できるだけ多くのタッチポイントをつくり、より親近感を高めます。

チェックリスト

- □新しく得た情報をデータベースに追加する（181ページ）。
- □方程式を使って、弱い要素を特定し、次に向けた戦略を立てる（32ページ）。
- □単純接触効果を使って親しみを高める（242ページ）。
- □GoogleやSNSを使って関係維持を効率化する（288ページ）。

□次に会う予定をつくる。

ある程度タッチポイントをつくり、関係維持ができたと感じた場合、相手を食事やイベントに誘うなど、**次に会う予定をつくってください**。

この場合、相手の性格や興味を考慮することが必要です。データベースに整理した情報を振り返り、相手が「ＹＥＳ」と言う確率が最も高そうな場所に招待しましょう。

◆◆◆

いかがでしたか？　ターゲットの相手と仲よくなり、強い人間関係を構築することができましたか？

この４週間プログラムのゴールは、チェックリストのすべての項目をクリアすることではありません。ただし、**一つひとつをトライしてみて、失敗した場合は、自分の言動を振り返り、学びに繋《つな》げてください**。

そして、相手との関係性を維持し、より向上するためにも、引き続き方程式を使って高められる要素を特定し、強化する努力をしてください。

第6章　まとめ

●失敗を恐れ、悩むくらいだったら…

→とりあえずアクションを起こして「動く」ことが大事。

●方程式から引かれるマイナス要素

①ネガティブマインドセット
②自己肯定感の低さ
③意図と行動が一致していない状態
④成長する意欲の不足

→４大要素の値が高くても、マイナス要素が存在すると、そのぶん人間関係は弱まる。

●４週間プログラムをとおして、実際に方程式を活用する

→準備・練習・実践をし、仲よくなりたい相手と強い関係を構築しよう。

あとがき

最後まで読んでいただきありがとうございます。

本書では、今まで文字として書いたことのない、コミュニケーションに対する私なりの考え方や、さまざまな経験をとおして得た知識についてまとめました。その過程で、生きていく上で人と人が互いに感情や意思、思考を伝え合い、理解し合う「コミュニケーション」ほど重要なものはないと再確認しました。

コミュニケーションには、さまざまな種類やスタイルが存在します。奥が深いからこそ複雑で、多くの人にとっては、生涯をかけて磨き上げる能力だと思います。

プロローグでも述べた通り、私は昔からコミュニケーションが非常に苦手でした。友だちをつくるのに苦労をしたり、人に避けられたり、恥ずかしい思いをたくさんしました。大人になっても、コミュニケーション能力をうまく発揮できないせいで、多くの失敗と屈辱をくり返してきました。

それでも、「なんとか変わりたい」というモチベーションだけは子どものころから強く維持し、とにかく使えそうな新しい知識やテクニックを身につけ、実践することに専念しました。

自分には欠けている点が多いからこそ周りを慎重に観察し、コミュニケーションがうまいと感じる人から盗める術はすべて自分のモノにしようと努力しました。つまずいても、挫折しても、少しの間は落ち込みますが、次に向けて頑張ろうと立ち上がりました。失敗したら素直に反省し、成功したら純粋に喜び、数多くの経験をとおして自分に自信をもつことと、自分を愛することを大切にしてきました。

あなたも、たくさん失敗してください。思うような結果を出せなくても、自分を責めすぎないでください。そして、いろいろな成功の形を体験してください。そのときは、自分を褒《ほ》めてあげることを忘れないでください。

人間関係の方程式と各章でご紹介したテクニックやメソッドが、少しでもあなたの役に立てて、あなたの人生をより楽しいものにできることを願っています。

REINA

Kwantes, Catherine T., et al. “The Effect of Attire on Expected Occupational Outcomes for Male Employees.” *Psychology of Men & Masculinity*, vol. 12, no. 2, 2011, pp. 166-180.

Mann, Thomas C., and Melissa J. Ferguson. “Can We Undo Our First Impressions? The Role of Reinterpretation in Reversing Implicit Evaluations.” *Journal of Personality and Social Psychology*, vol. 106, no. 6, 2015, pp. 823–849.

McAleer, Phil, et al. “How Do You Say ‘Hello’? Personality Impressions from Brief Novel Voices.” *PLoS ONE*, vol. 9, no. 3, 2014.

Moreland, Richard L., and Scott R. Beach. “Exposure Effects in the Classroom: The Development of Affinity among Students.” *Journal of Experimental Social Psychology*, vol. 26, no. 3, 1992, pp. 255-276.

Pelham, Brett, et al. “Why Susie Sells Seashells by the Seashore: Implicit Egotism and Major Life Decisions.” *Journal of Personality and Social Psychology*, vol. 82, no. 4, 2002, pp. 469-487.

Tenney, Elizabeth R., et al. “Being Liked Is More Than Having a Good Personality: The Role of Matching.” *Journal of Research in Personality*, vol. 43, no. 4, 2009, pp. 579-585.

Willis, Janine, and Todorov, Alexander. “First Impressions: Making Up Your Mind after a 100-ms Exposure to a Face.” *Psychological Science*, vol. 17, no. 7, 2006, pp. 592–598.

Wolfson, Nessa, and Joan Manes. “The Compliment as a Social Strategy.” *Paper in Linguistics*, vol. 13, no. 3, 1980, pp. 391-410.

Zayas, Vivian, et al. “Impressions Based on a Portrait Predict, 1-Month Later, Impressions Following a Live Interaction.” *Social Psychological and Personality Science*, vol. 8, no. 1, 2017, pp. 36–44.

リーダーシッププリンシプル. Amazon.com, Inc., www.amazon.jobs/jp/principles.

参考文献

Ambady, Nalini, and Robert Rosenthal. "Half a Minute: Predicting Teacher Evaluations From Thin Slices of Nonverbal Behavior and Physical Attractiveness." *Journal of Personality and Social Psychology*, vol. 64, no. 3, 1993, pp. 431–441.

Cattell, R. B., et al. *16PF Fifth Edition Questionnaire*. Institute for Personality and Ability Testing, 1993.

Costa, Paul and Robert McCrae. "The Revised NEO Personality Inventory (NEO-PI-R)." *The SAGE Handbook of Personality Theory and Assessment, Vol.* 2, edited by G. J. Boyle et al., Sage Publications, Inc., 2008, pp. 179–198.

Cuddy, Amy. *Presence: Bringing Your Boldest Self to Your Biggest Challenges*. Back Bay Books, 2018.

Ekman, Paul, et al. "The Duchenne Smile: Emotional Expression and Brain Physiology II." *Journal of Personality and Social Psychology*, vol. 58, no. 2, 1990, pp. 342-353.

Eurich, Tasha. *Insight: the Surprising Truth about How Others See Us, How We See Ourselves, and Why the Answers Matter More than We Think*. Currency, 2018.

Giles, Howard, and Tania Ogay. "Communication Accommodation Theory." *Explaining Communication: Contemporary Theories and Exemplars*, 2007, pp. 293-310.

Howlett, Neil, et al. "The Influence of Clothing on First Impressions: Rapid and Positive Responses to Minor Changes in Male Attire." *Journal of Fashion Marketing and Management*, vol. 17, no. 1, 2013, pp. 38-48.

Huang, Li, et al. "Powerful Postures Versus Powerful Roles." *Psychological Science*, vol. 22, no. 1, 2011, pp. 95-102.

Izuma, Keise, et al. "Processing of Social and Monetary Rewards in the Human Striatum." *Neuron*, vol. 58, no. 2, 2008, pp. 284-294.

[著者プロフィール]

REINA（佐伯玲奈・さいき れいな）

米ニュージャージー州出身。米ブラウン大学卒業後、ハーバード大学院卒業。ビル・クリントン事務所、インターポールにインターンシップとして勤務。2014年に来日し、ワタナベエンターテインメント所属。デンジャーDとお笑いコンビ「セクシーチョコレート」を結成（2016年解散）。2017年4月～「陸海空 こんな時間に地球征服するなんて（テレビ朝日系）」などに出演。現在はベンチャー企業SparkDojo取締役を務める。

イラスト　BIKKE

デザイン　大場君人

DTP　ハタ・メディア工房

校正　土井明弘

編集　山田吉之（リベラル社）

編集人　伊藤光恵（リベラル社）

営業　津村卓（リベラル社）

編集部　渡辺靖子・堀友香

営業部　津田滋春・廣田修・青木ちはる・澤順二・大野勝司・竹本健志

制作・営業コーディネーター　仲野進

ハーバード・CIA・FBIで学んだ **人の心をつかむ最高の法則**

2020年4月30日　初版

著　者　REINA

発行者　隅田直樹

発行所　株式会社 リベラル社

〒460-0008 名古屋市中区栄3-7-9 新鏡栄ビル8F

TEL 052-261-9101　FAX 052-261-9134　http://liberalsya.com

発　売　株式会社　星雲社（共同出版社・流通責任出版社）

〒112-0005 東京都文京区水道1-3-30

TEL 03-3868-3275

　ISBN978-4-434-27389-6